고따마 붓다의 정관명상

현상과
생각 _____

저 너머를
_____ 보는 길

혜담 지음

고따마 붓다의 정관명상

민족사

저 너머를 본다는 말

『화엄경』에는 "부처님은 이 세상 모든 사람들의 착한 벗이다. 번뇌의 무거운 짐을 지고 괴로워하는 사람이 부처님을 만나게 되면 부처님은 그를 위하여 그 무거운 짐을 대신 맡아 준다."라는 말씀이 있습니다.

우리들이 세상을 살아가는 데 있어 고통이 있거나 재난이 있으면 부처님 앞에 엎드려서 모든 걸 털어 놓게 되는 이유의 근거를 가장 확실하게 밝히고 있는 부분이라는 생각이 듭니다. 아무리 캄캄한 어두운 동굴에 있다 하더라도 밝은 불을 비추면 어둠은 단번에 사라지는 것처럼, 자신이 지고 있는 번뇌의 무거운 짐을 부처님 앞에 털어 놓으면 즉시에 없어진다는 말입니다.

그런데 여기에 문제가 하나 있습니다. 그대와 우리 모두의 무거운 짐을 대신 져 주는 부처님은 어디에서 어떤 모습을 하고 계실까요? 전국의 수많은 사찰의 대웅전에 앉아 계시는 부처님이 짐을 대신 져 주는 그분일까요? 설악산 봉정암이나 오대산 적멸보궁에 모셔져 있다는 사리가 부처님일까요? 사리나 불상이 부처님이 아닌 것은 아니지만, 그렇다고 그대의 무거운 짐을 대신 져 주는 그 부처님은 아닌 것 같습니다.

그렇다면 그대의 무거운 짐을 대신 맡아 주시는 부처님은 도대체 어떤 분일까요? 불법문중에 출가(出家)한 사람이라면 누구라도 마찬가지겠지만, 필자 역시 출가 후에 가장 먼저 접하고 외운 경전이 『반야심경』입니다. 그러나 조석예불 때마다 독송하던 그 『반야심경』의 내용은 도무지 알 수가 없었고, 그 가운데서도 '공(空)'이라는 말은 끝없이 저를 잡고 놓아주지를 않았습니다. 강원에서 경전을 공부하면서도, 동국대학교에서 불교학을 공부하면서도 공은 언제나 머리 한 구석에 박혀 있었습니다.

마침내 공은 노납(老衲)으로 하여금 대학을 졸업하던 그 이튿날 선원으로 향하게 했습니다. 참선을 하면 공을 알 수 있다는 말을 들었기 때문입니다. 그때로부터 10여 년이 흐른 어느 날, 이번에는 『대품반야경』을 붙잡고 씨름을 시작했습니다. 대상은 역시 공이었고, 여기에 반야바라밀이 추가되었습니다. 그 사이에 세월은 흘러서 출가한 지 꼭 50년이 되었습니다.

이 50년이라는 수행자의 생활을 통해서 노납은 위에서 제기한

'부처님의 모습'을 제 나름대로의 안목으로 볼 수가 있었습니다. 그것은 그렇게 찾았던 공(空)과 반야바라밀과 부처가 둘이 아닌, 같은 말의 다른 표현이라는 것입니다. 사실 반야(般若)와 불교는 둘이 아닙니다. 불교를 무엇이라고 정의하든 간에 반야 없는 불교는 상상할 수조차 없습니다. 불교야말로 반야를 설한 것이고, 반야를 증득하기 위한 가르침이 바로 불교이기 때문입니다.

중국에 불교가 전래되어 처음 경전을 한문으로 번역할 때, 불교(佛教)라는 말은 거의 사용하지 않았습니다. 주로 불법(佛法)이라는 어휘를 사용했습니다. '부처님이 가르친 진리'라는 의미를 담고 있는 말입니다. 즉 진리란 부처님이 설한 말씀인 동시에 부처님이 곧 진리라는 것입니다. 그리고 이렇게 부처님이 곧 진리[法]라는 말이 성립되면 부처님은 형상을 여읜 어떤 존재가 되지 않으면 안됩니다.

이렇게 형상을 여읜 진리로서의 부처님을 「반야경」에서는 '반야바라밀' 혹은 '공'이라 부르고 있습니다. 때문에 『화엄경』에서 설하고 있는 '중생의 무거운 짐을 대신 맡아 주는' 부처님은 특정한 장소나 특별한 형상을 지닌 존재가 아니라, 진리인 부처님에 다름이 없을 것입니다. 따라서 이와 같이 모습을 여읜 진리인 부처님은 우리들의 눈과 생각으로 볼 수는 없습니다. 왜냐하면 이 부처님은 현상과 생각 저 너머에 계시기 때문입니다.

위에서 말씀드린 것처럼, 현상과 생각 저 너머에 계시는 부처님을 「반야경」에서는 '반야바라밀' 혹은 '공'이라고 합니다. 그래서 '반야바라밀' 혹은 '공'이라는 부처님을 친견(親見)하기 위해서는 그대 자신이 현상과 생각 '저 너머'로 가야 합니다. 그렇다면 '저 너머'로 간다는 말은 무엇을 의미할까요?

저 너머로 간다는 말은 가장 기본적으로는 그대가 있는 곳을 지나서 넘어간다는 뜻입니다. 현재 그대가 보고 있는 현상이나 생각의 상태에 머물러 있지 않음을 뜻합니다. 이렇게 끊임없이 자신을 넘어가면 더 이상 한계가 없어집니다. 더 이상 경계가 없습니다. 경계와 한계는 넘어가기를 멈추는 자리에만 존재합니다. 결코 멈추지 않으면 그대는 경계와 한계를 넘어가고 마침내 한정된 자아(自我)의 느낌을 넘어가게 됩니다. 그때에 모양이 없는 공이 적면(覿面)에 모습이 없이 나타납니다.

너머는 모든 방향으로 무한히 펼쳐 있습니다. 어떤 경계의 담을 만들어 놓지 않는 한 그것은 무한히 뻗어갑니다. 『반야심경』의 마지막에 있는 주(呪)의 산스끄리뜨어 "Gate gate pāragate pārasaṃgate bodhi svāhā"를 순수한 우리말로는 "가자. 가자. 더 높이 가자. 우리 다 같이 가자. 깨달음이여, 영원하여라."라는 말로 번역할 수 있습니다. 주지하시는 바와 같이 주(呪)에는 '가자'라는 말이 네 번 연달아 나옵니다. 여기에서 '가자'라는 말이 어디로 가자는 뜻이겠습니까?

인간은 자신에 대하여 네 가지의 관념을 가집니다. 사람은 ①

물질적 존재라는 생각, ② 생명을 가진 존재라는 생각, ③ 정신을 가진 존재라는 생각, ④ 신(神) 혹은 부처[佛]의 성품을 가진 존재라는 생각을 지니고 있고, 이 생각의 하나 혹은 전부에 매몰되어 거기에 여러 가지 집착을 가지고 살아갑니다.

그리고 이 집착하고 있는 것들이 이루어지지 않을 때 두려움이라는 고통을 느끼게 됩니다. 주(呪)에서 설하는 '가자'라는 말은 이 네 가지 생각을 '넘어가자'는 것입니다. 즉 그대와 우리 모두가 눈에 보이고 손에 잡히는 온갖 현상과 문득 떠오르는 생각들이 인생의 전부라고 알고 있는 현재의 삶을 넘어서 깨달음의 세계인 피안(彼岸)인 저 너머로 가자는 말입니다. 반야바라밀이라는 저 언덕으로 넘어가자는 말입니다.

그대가 저 너머로 가려면 스스로 사물에 갖다 붙이는 한계를 자꾸자꾸 넘어가야만 합니다. 이것은 당신 존재의 근본적 변화를 요구합니다. 불교에서는 이렇게 우리 존재의 근본적 변화를 위해서 노력하는 삶을 수행이라고 부릅니다. 때문에 수행은 출가 수행자의 독점물이 아닙니다. 요즈음 수행이라는 이름 아래 명상의 붐이 일어나고 있습니다.

그러나 노납이 보기에 작금의 명상이 '명상은 수행이다'라는 본래의 목적을 상실하고 있다는 생각이 듭니다. 해서 노납은 고따마 붓다가 깨달음을 얻은 수행법, 붓다께서 최초로 발견한 명상의 본래 모습을 찾아보고 싶었습니다. 처음에는 『아함경』과 『남전대장경』을 통하여 연구하였는데, 다행히 『니까야』를 한글로 번역하고 주석(註釋)한 각묵 스님과 전재성 박사님을 위시한 선학(先學)들 덕택에 그 동안 미진했던 부분을 메울 수 있었습니다. 지면을 빌어 『니까야』를 완역하여 불자들을 깨우쳐 준 모든 선지식들에게 감사의 말씀을 드립니다.

나무 마하반야바라밀

2020년 부처님 성도하신 날 아침
석촌호 바라밀실(波羅蜜室)에서 혜담지상 합장

| 차례 |

고따마 붓다의 정관명상定觀冥想

관조명상에 의한 깨달음

네 가지 성스러운 진리

상의성^{相依性·緣起}의 세계

불교사상과 명상

불교사상에는 없었던 명상이라는 말

성불(成佛)을 목적으로 하는 고따마 붓다의 가르침이 중국으로 전래되어 한문으로 번역되고, 그 경문(經文)이 고구려 때 우리나라에 들어온 지 1600여 년이 지났습니다. 그런데 21세기에 들어서면서 그 동안 불교를 전하던 대표적인 문자인 한자(漢字)에서는 찾아볼 수 없었던 '명상(瞑想)'이라는 단어가 우리 앞에 등장했습니다.

이 말을 접한 노납(老衲)은 신기하기도 하고 당혹스럽기도 하여 각종 사전에서 명상이라는 단어를 찾아보았습니다. 먼저 대다수의 국어사전에서 설명하고 있는 명상(冥想·瞑想)은 '눈을 감고 고요히 생각함. 고요히 사색에 잠김'으로 되어 있고, 일본 광사원(廣辭苑)의 명상 항목에도 '눈을 감고 조용히 생각하는 것. 앞의 경계를 잊고 상상하는 것'이라고 설명하고 있었습니다.

다음으로 우리나라에서 출판된 불교사전을 보니 명상이라는 단어가 아예 나오지 않고, 끝으로 세계적으로 가장 방대하고 자세하다고 정평이 나 있는 모치스키(望月) 불교대사전(佛敎大辭典) 역시 '명상(冥想·瞑想)'이라는 단어는 없었습니다. 즉 명상은 한자

16

로 된 어휘 자체가 불교에는 원래 없었다는 사실을 확인한 것입니다. 영화(英和)사전에서는 '숙려(熟慮)·숙고(熟考), 종교적으로는 명상·묵상'이라고 설명하고 있습니다.

그런데도 현재 우리나라에서는 불교를 포함한 종교뿐만 아니라 각종 심리치료나 정신의학 방면에서 명상이라는 말이 유행하고 있습니다. 그러나 명상이라는 말이 무슨 뜻이며, 어떻게 하는 것이 명상을 제대로 하는 방법인지에 관해서는 명확하게 설명하고 있는 해설서를 만나기가 쉽지 않습니다. 저 역시 명상에 대한 붐이 일어나면서 정확한 명상에 관한 해설서를 찾아서 서점을 배회했고, 다행히 20여 종의 명상 책을 구입하여 읽어 보았습니다만, 그때마다 실망하는 경우가 태반이었습니다. 그런 연후에 만난 명상에 관한 책들의 내용을 종합적으로 정리해 보니, 대강 다음과 같았습니다.

명상(meditation)의 사전적 의미는 '눈을 감고 고요히 생각한다'는 뜻이지만, 불교 이외의 기독교를 포함한 일부 종교에서의 명상은 일종의 사념(思念)적인 명상법, 즉 사유 활동을 계속하면서 그 사유가 이끌어 내는 바를 깊이깊이 성찰한다'는 의미라는 것입니다. 그러나 명상의 방법에 관해서는 거의 구체적으로 밝히고 있지 않습니다.

저는 전통적인 불교사상에서는 찾아볼 수 없는 명상이라는 말이 마치 불교사상인 것처럼 회자(膾炙)되는 데서, 명상이라는 단어가 유행하게 된 연유를 알고 싶었습니다. 다시 말하면 메디테이션(meditation)과 불교의 수행(修行)은 분명히 다른 개념이고, 일반적인 명상수행을 통해서는 불교가 지향하는 깨달음을 얻을 수 있는 것이 아니라는 데 생각이 미치게 되었습니다. 여기서 다시 '불교적 명상(冥想)이란 무엇인가'라는 근원적인 물음과 만나게 됩니다.

불교적 명상과 행복

앞에서 지적한 것처럼, 명상(冥想, meditation)이라는 단어는 중국을 비롯한 동북아 불교권에는 지금까지 없었던 말입니다. 그런데도 불구하고 불교 내부에서 참선수행을 명상과 접목하여 설명하는가 하면, 심지어 세계적인 명상전문가를 초빙하여 참선수행으로 유명세를 타고 있는 몇몇 스님들과 함께 명상의 활성화를 도모하고 있습니다. 노납(老衲)은 이렇게 참선수행을 설명하는 방편(方便)으로 명상수행을 이용하는 것은 득(得)보다는 실(失)이 더 많을 수도 있다고 생각합니다. 왜냐하면 참선과 명상(meditation)은 그 지향(志向)하는 바가 근본적으로 다르기 때문입니다.

다들 아시는 바와 같이 참선수행의 목적은 깨달음을 이루어 부처가 되는 것[成佛]인 데 비해서, 명상(meditation)은 위에서 살펴본 사전적 해석처럼 눈을 감고 고요히 생각하거나 사색에 잠기는 행위이기 때문에 세상을 차분하고 평온하게 살아가는 데 도움을 주는, 소위 마음수양에 목적이 있는 것입니다. 그리고 이러한 사실은 영어 meditation에 해당하는 산스끄리뜨어와 빠알리어가 바와나(bhāvanā)임을 통해서도 알 수가 있습니다. 즉 산스끄리뜨어 바와나는 중국 초기불교에서는 수습(修習)이라는 한자로 번역되었고, 영어 meditation의 문자적 의미는 기르기(cultivation)입니다. 그러므로 명상(meditation)이라는 말은 생명의 실상(實相)에 대한 이해와 행복감과 덕성을 기른다는 의미가 목적으로 되어 있습니다. 다시 말하면 명상이란 똑같은 어떤 행위를 여러 번 되풀이해서 익힘[修習]으로써 목적하는 결과를 얻는 수행법인 것입니다.

그런데 21세기 현재를 살아가는 사람들 대부분은 하다 못해 TV라도 보고 있지 않으면 시간을 낭비하고 있다고 생각하는 이상한 풍조(風潮)의 세상에 살고 있습니다. 그렇지만 사람들은 동물과는 구별되는 인간으로서 살고 있기 때문에, 우리들의 삶에는 동물과는 다른 가령 'TV라도 보고 있어야지…' 하는 생각을 넘어선 무엇인가 삶의 의미를 찾아보고 그에 따른 바람직한 방향으로 생을 이끌어 가는 마음이 있어야 한다는 생각이 듭니다. 즉 우리는 인간이기 때문에 동·식물들처럼 단순히 먹고사는 차원을 넘어선 어떤 소망이나 사명감을 가지고 있을 것이라는 생각이 듭니다. 그리고 대다수의 사람들은 그 사명감이나 소망을 대체로 다음의 세 가지 방향을 통해서 얻고자 하는 것 같습니다.

첫째의 부류는 신체인 자기 자신에 초점을 맞추어서 감각적인 쾌락을 우선시하는 인생을 살고자 생각하여 희망을 설계하고, 두 번째 부류는 자신을 둘러싸고 있는 물질적 충족의 확장과 과시를 자신의 이상(理想)으로 삼으며, 세 번째 부류는 자신의 정신적인 성숙(成熟)과 자신이 살고 있는 세상의 평화와 번영에 초점을 두고 정진을 계속하고 있는 것 같습니다. 그리고 이 세 부류의 사람들이 똑같이 바라는 것은 자신이 추구하는 삶의 형태를 통하여 '행복'을 얻고자 합니다.

그렇습니다. 사람들은 누구를 막론하고 행복한 삶을 바라고 있으며, 이것을 얻기 위하여 혼신을 다합니다. 그러나 정작 무엇이 행복이고 어떻게 행복을 얻을 것인가 하는 문제에 있어서는 심각하게 생각하지 않는 것 같습니다. 노납은 사람들이 자신의 인생을 어떻게 생각하고 느끼는가 하는 것이 우리들이 바다를 바라보는 것과 흡사하다는 생각을 하곤 합니다. 즉 바다는 한없이 넓은 수면을 가지고 있지만, 그것은 또한 심연(深淵)을 알 수 없는 깊이를 가지고 있습니다.

그래서 어리석은 사람은 눈에 보이는 바다의 수면만 보고, 거기에 떠 있는 배라든가 파도가 바다의 전부인 양 단정해 버립니다. 그러나 지혜로운 사람은 바다의 참된 모습이 결코 눈에 보이는 수면이 아니라, 비록 그 당시에 눈에 보이지는 않지만 바닷속에는 물고기가 놀고 있고 해초와 바위가 있으며 온갖 강물을 다 받아들이는 기능이 있음을 아는 것입니다. 우리들의 인생도 이와 마찬가지입니다. 생의 실상(實相)을 알지 못하는 사람은 어리석은 사람이 바다의 평면만 보고 바다를 이해하듯이, 인간 존재를 눈에 보이는 육체와 그 육체가 느끼고 있는 감각이 전부인 양 단정하고 거기에 모든 가치를 부여합니다. 그러나 생의 실상에 눈을 뜬 지혜가 있는 사람은 인생을 깊은 바닷속의 모습처럼 생각해서, 비록 눈에 보이지는 않지만 마음속에 감추어져 있는 온갖 조화와 한량없는 공덕을 보는 것입니다.

어리석은 사람은 눈으로 바다를 바라보는 범위를 넘어서지 못합니다. 마찬가지로 어리석은 사람은 눈에 보이는 육신을 근본으로 삼아서 부귀와 좋은 배우자와 맛있는 음식과 명예와 안일이 행복의 전부라고 생각하면서 살아갑니다. 그러나 그런 행복은 멀지 않아 사라지는 덧없는 것입니다. 그러나 지혜로운 사람은 당장 눈에 보이지는 않지만 바닷속을 생각할 수 있듯이 물질적이고 외형적인 모습과 더불어 육체 이전의 소식과 행복이 얻어지는 공덕의 근원을 알고 이것을 내어 쓰는 삶을 살아갑니다.

많은 사람들이 불교에 대한 선입관으로 석가모니의 6년 고행(苦行)을 생각합니다. 또한 불교교리에서 가장 먼저 제시되는 가르침이 '모든 것은 덧없다[諸行無常]'라는 말이기 때문에 '불교는 염세적(厭世的)이다'라는 오해를 합니다. 그러다보니 불교는 행복과는 거리가 먼 은둔적이고 염세적이며 고행 위주의 종교라고 생각하는 사람들이 많습니다. 그러나 과연 그럴까요? 놀랍게도 고따마 붓다가 깨달음을 얻은 후 열반에 들 때까지 45년간의 법문은 대부분 괴로움을 여의고 열반이라는 행복을 얻는 방법과 과정 등을 설하시고 계십니다. 하나의 예로 『대길상경(大吉祥經)』은 아래와 같이 설하고 있습니다.

> "능히 스스로를 제어하고 청정한 행을 닦아 네 가지 성스러운 진리[四聖諦]를 깨닫고, 마침내 열반(涅槃)을 실현할 수 있다면 그것보다 더한 인간의 행복(幸福)은 없다. 그때 사람은 생사(生死)로 인하여 마음을 동요하지 않고, 세상의 헐뜯음과 칭송, 칭찬과 경멸로 인하여 마음이 우울해지지도 않으며, 근심도 없고 성냄도 없어서 단지 더없는 안온 속에 있을 수 있을 것이다. 인간의 행복은 이것보다 더한 것이 없다."

위에서 "대다수의 사람들은 그 사명감이나 소망을 대체로 세 가지 방향을 통해서 얻고자 하는 것 같다."라고 말하면서, "세 번째 부류는 자신의 정신적인 성숙(成熟)과 자신이 살고 있는 세상의 평화와 번영에 초점을 두고 정진을 계속하고 있는 것 같다."라고 밝혔는데, 노납의 생각으로는 부처님은 세 번째 부류에 속하는 분이라고 여겨집니다.

고따마 붓다는 늙음과 죽음과 근심걱정과 온갖 더러움이 없는 깨달음을 구하기 위해서 출가수행을 했고, 마침내 열반이라는 깨달음을 얻으셨습니다. 그런데 고따마 붓다는 제자들에게 그 열반을 인간이 누릴 수 있는 가장 큰 '행복'이라고 표현하고 계십니다. 부처님께서는 열반의 증득(證得)에서 얻어진 어떤 이익을 행복이라고 표현하셨지만, 깨달음을 얻지 못한 범부들의 입장에서는 그것이 어느 정도의 감정 상태인지 잘 실감되지 않을 수도 있습니다. 그래서 세속적(世俗的)인 입장에서 행복이라는 말을 한번 정리해 보겠습니다.

먼저 부처님께서는 네 가지 성스러운 진리[四聖諦]를 깨달아 열반을 얻은 사람은 '생사로 인하여 마음을 동요하지 않고, 세상의 헐뜯음과 칭송·칭찬과 경멸로 인하여 마음이 우울해지지도 않으며, 근심도 없고 성냄도 없어서 단지 더없는 안온 속에 있는 것'을 행복이라고 말씀하고 계십니다. 그렇지만 인간들은 재물에 대한 욕망[財欲]·이성에 대한 욕구[色欲]·음식물에 대한 욕심[食欲]·명예를 추구하는 욕망[名欲]·수면에 대한 욕구[睡欲]의 다섯 가지 욕심[五慾]이 눈을 가려서 부처님이 말씀하신 행복을 보지 못하고, 때문에 누리지 못합니다.

노납이 '고따마 붓다의 정관명상'을 제목으로, '현상과 생각 저 너머를 보라'라는 부제목으로 부처님이 성불의 방법으로 발견한 명상법을 소개하고자 하는 이유도 다름 아닌 우리 모두의 삶의 행복을 얻을 수 있는 처방전을 받고자 함입니다. 그러나 그대가 만약 현실생활에서 구체적으로 활동을 계속하는 다섯 가지 욕심이 제멋대로 놀지 못하게 제어(制御)하는 방법의 하나로 청정한 행을 닦는 수행을 한다면 당신이 가지고 있는 소망이나 희망은 자타(自他)를 함께 이롭게 하는 즐거움이나 기쁨 그리고 보람으로 바뀌게 됩니다.

이렇게 인간의 삶 가운데 즐거움과 기쁨과 보람이 합쳐진 시간이 찾아오면, 사람들은 이 셋이 합해져서 나타나는 상황을 스스로 보고 느낄 수 있게 됩니다. 그리고 이때 보고 느낀 상태를 '행복(幸福)'이라는 단어로 표현할 수 있지 않을까 여겨집니다. 부처님이 『대길상경』에서 말씀하시는 열반이라는 행복은 언젠가는 무너져서 사라지는 그런 허망한 것이 아닙니다. 인생의 궁극적인 삶의 의미라고 말할 수 있는 영원한 행복입니다. 이 영원한 행복인 열반을 얻기 위한 방법인 명상을 그대와 함께 지금부터 고찰해 보겠습니다.

고따마 붓다의 수습명상

「성읍경(城邑經)」의 수습명상(修習冥想)

앞에서 명상이라고 번역한 영어 메디테이션(meditation)에 해당하는 산스끄리뜨어는 바와나(bhāvanā)이고, 바와나를 초기 중국불교에서는 수습(修習)이라는 한자로 이미 번역하고 있었다는 것을 살펴보았습니다. 아울러 산스끄리뜨어 bhāvanā와 한자 修習의 의미는 우리들이 알고 있는 보통명사인 명상과는 다르게, 궁극적으로 사유(思惟)의 차원을 넘어서 세상과 생명의 실상을 있는 그대로 눈으로 보는 것임을 알게 되었습니다. 여기서 저는 초기 중국 불교 역경사들이 바와나를 수습이라고 번역한, '똑같은 어떤 행위를 여러 번 되풀이해서 익히는 것'이 구체적으로 어떤 행위인가에 관심을 가지고 경전을 보았습니다. 그 과정에서 『잡아함경(雜阿含經)』「12권」의 「성읍경(城邑經)」에 설시(說示)하고 있는 아래와 같은 내용을 접하게 되었습니다.

부처님께서 사위국 제타숲 급고독원에 계시면서 비구들에게 말씀하셨다.

"나는 과거에 아직 깨달음을 이루지 못했을 때를 기억한다. 혼자 고요한 곳에 앉아 선사(善思)하면서 이렇게 생각했다. '어떤 법이 있기 때문에 늙음·죽음이 있으며, 어떤 법을 인연하기 때문에 늙음·죽음이 있는가?'라고. 곧 바르게 생각하여 참다운 지혜가 생겼다. 즉 '태어남[生]이 있기 때문에 늙음·죽음[老死]이 있고, 태어남을 인연하기 때문에 늙음·죽음이 있다. 이와 같이 존재[有], 취착[取], 갈애[愛], 느낌[受], 감각접촉[觸], 여섯 감각장소[六入], 정신·물질[名色]이 (있어서 늙음·죽음이 있다.)

어떤 법이 있기 때문에 정신·물질이 있으며, 어떤 법을 인연하기 때문에 정신·물질이 있는가?'라고.

곧 바르게 생각하여 참다운 지혜가 생겼다. 즉 '알음알이[識]가 있기 때문에 정신·물질이 있으며 알음알이를 인연하기 때문에 정신·물질이 있다'라고.

때에 나는 이렇게 생각하였다. 즉 '알음알이는 한정(限定)되어 (더 이상) 그것을 능히 지날 수가 없다. 이른바 알음알이를 인연하여 정신·물질이 있고, 정신·물질을 인연하여 여섯 감각장소가 있으며, 여섯 감각장소를 인연하여 감각접촉이 있고, 감각접촉을 인연하여 느낌이 있으며, 느낌을 인연하여 갈애가 있고, 갈애를 인연하여 취착이 있으며, 취착을 인연하여 존재가 있고 존재를 인연하여 태어남이 있으며, 태어남을 인연하여 늙음·병·죽음과 근심·탄식·번민·괴로움이 있다. 이와 같이 이렇게 하여 순수한 큰 괴로움의 무더기[純大苦聚]가 모인다'라고. (이하 생략)."

노납이 불교적 명상인 수습과 관련하여 「성읍경」을 주목한 이유는 경문의 첫 구절에 있는 "나는 과거에 아직 깨달음을 이루지 못했을 때를 기억한다. 혼자 고요한 곳에 앉아 선사(善思)하면서 이렇게 생각했다."라는 내용 때문입니다. 왜냐하면 경문에서 이어지는 내용이 '부처님의 깨달은 법(내용)'이라고 말하는 연기법(緣起

法)에 대한 것이기 때문입니다. 다시 말하면 필자가 출가하여 지금까지 배운 교리에 의하면, "부처님은 연기법을 깨달아 붓다가 되셨다."라는 것이었는데, 「성읍경」의 법문에서는 고따마 붓다가 깨달음을 성취하기 전에 이미 연기의 이치를 반복적으로 사유하고 있었다는 것이 증명되기 때문입니다.

그러나 아래에서 다시 말하겠지만, 『아함경』은 초기불교를 연구하는 학자들로부터 부처님의 직설(直說)이 아닐 수 있다는 의구심이 들게 하는 경전이기도 합니다. 때문에 부처님의 직설에 가장 가깝다고 평가받는 『니까야(Nikāya)』를 통해서 이러한 사실을 좀 더 확인하기 위하여 『니까야』의 해당부분을 검색한 결과 『상윳따 니까야』「도시경, S12:65」이 「성읍경」과 동일한 내용의 경전임을 알게 되었습니다.

「도시경」의 수습명상

「도시경」을 일별(一瞥)하면서 경의 제목부터 「성읍경」과 같은 내용임을 암시하고 있다는 것을 알 수 있었는데, 경 서두(序頭)의 "비구들이여, 내가 깨닫기 전, 아직 완전한 깨달음을 성취하지 못한 보살이었을 때 이런 생각이 들었다."라는 부처님 말씀이 필자가 찾고 있는 경전임을 확신했습니다. 다음은 「성읍경」에서 살펴본 내용을 「도시경」의 해당 부분 일부를 인용하여 살펴보겠습니다.

"비구들이여, 내가 깨닫기 전, 아직 완전한 깨달음을 성취하지 못한 보살이었을 때 이런 생각이 들었다. '참으로 이 세상은 고통으로 가득하구나. 태어나고 늙고 죽고 죽어서는 다시 태어난다. 그러나 늙음·죽음[老死]이라는 이 괴로움으로부터 벗어남을 꿰뚫어 알지 못한다. 도대체 어디서 늙음·죽음이라는 이 괴로움으로부터 벗어남을 꿰뚫어 알 것인가?'라고."

『상윳따 니까야』 「도시경」 역시 고따마 붓다는 완전한 깨달음을 얻고자 수행하시던 그때, "비구들이여, 내가 깨닫기 전, 아직 완전한 깨달음을 성취하지 못한 보살이었을 때 이런 생각이 들었다. '참으로 이 세상은 고통으로 가득하구나. 태어나고 늙고 죽고 죽어서는 다시 태어난다. 그러나 늙음·죽음이라는 이 괴로움으로부터 벗어남을 꿰뚫어 알지 못한다. 도대체 어디서 늙음·죽음이라는 이 괴로움으로부터 벗어남을 꿰뚫어 알 것인가?'"라고 말씀하여 연기의 이치를 사유하는 행을 하신 것을 밝히고 있습니다.

이렇게 「도시경」과 「성읍경」의 시작하는 내용이 수습(修習, 바와나)에 있음을 확인한 저는 불교적 명상의 방법이 어떤 것인가를 구체적으로 찾아보아야 하겠다는 생각을 가지게 됩니다. 왜냐하면 노납은 지금까지 선정을 닦는 방법 – 주로 간화선의 입장에서 – 을 '어지럽고 산란한 마음을 가라앉히고 멈추기 위해서 공안(公案)을 참구(參究)하는 것'이라고 생각하고 있었는데, 그것이 전부가 아니라는 사실에 눈이 떠졌기 때문입니다. 물론 특정한 화두(話頭)를 정하고, 그 화두의 해결을 위하여 몰입하는 한국불교의 전통적인 참선 수행에 잘못이 있을 수 있다는 말은 아닙니다.

달마(達摩) 조사로부터 시작되어 혜능(慧能: 638~713) 조사와 마조(馬祖: 709~788) 선사가 확립한 간화선이라는 선법(禪法)과는 다른 고따마 붓다께서 직접 행한 수행법이 있음을 알게 된 것입니다.

또한 지금 현재 일반적으로 보통명사인 명상을 불교수행과 같은 것이라고 여기면서 불자들을 오도(誤導)하는 일부 학자나 스님들에게 불교적 명상과 일반 명상의 다른 점을 찾을 수 있게 해야 한다는 생각이 들었습니다. 위에서도 말한 것처럼, 구미(歐美)의 심리학자들이 산스끄리뜨어 바와나를 영어 meditation으로 번역했다고 해서 메디테이션(명상)이 불교적 명상수행이 될 수 있는 것은 아닙니다. 왜냐하면 '바와나'라는 어휘는 불교가 중국으로 전래된 초기부터 '수습(修習)'이라는 단어로 번역되어 정착되었고, 수습[바와나]이라는 어휘는 그 당시에 다른 종교에서는 없었던 불교적 명상을 의미하기 때문입니다.

초기불교의 경전인 『아함경』과 『니까야』

지금 저는 『아함경(阿含經)』과 『니까야(Nikāya)』에 설시되어 있는 연기(緣起)를 통해서 고따마 붓다의 수습명상을 고찰해 보고 있습니다만, 왜 이렇게 번거롭게 두 경전을 인용하지 않으면 안 되는 것일까요?

지금까지 우리 한국불교는 종파에 관계없이 중국불교의 영향 아래 있었던 것이 사실입니다. 때문에 고따마 붓다의 초기 가르침을 『오대광률(五大廣律)』과 『아함경』을 위주로 공부했습니다.

그런데 세월이 바뀌고 불교학도 새로운 전기를 맞고 있습니다. 아마도 그 시작은 일본의 불교학자들이 스리랑카에서 전승(傳承)되어 오던 『니까야』를 『남전대장경(南傳大藏經)』이라는 이름으로 일본어로 번역하여 세상에 선을 보인 서기 1941(昭和 16)년 이후부터라고 생각합니다. 그 당시 일본불교계에서는 『남전대장경』의 출판과 보급상황을 "일본에 불교가 두 번째 전래되었다."라고 평하는 학자들까지 있었다고 합니다.

우리나라의 경우, 『남전대장경』에 대한 관심을 유발시킨 인물은 조계종의 종정과 해인사 방장을 역임하신 성철(性徹: 1912~1993) 선사라고 여기고 있습니다. 스님께서는 56세인 1967년 해인사에서 100일 동안 매일 2~3시간씩 사부대중을 위해서 법문을 하였는데, 그때 『아함경』과 비교하여 『남전대장경』의 해당부분을 인용하여 설명하곤 하셨습니다. 한문으로 되어 있는 『아함경』보다 『남전대장경』에 수록되어 있는 내용이 쉽게 이해되었기 때문에 많은 호응을 받은 것으로 전해지고 있습니다. 때문에 노납도 『남전대장경』 한 질을 구입하여 공부에 도움을 받고 있었습니다만, 지금은 『니까야』가 완벽하게 한글로 번역되어 있어서 세 가지 장경(藏經)을 비교하여 연구할 수 있게 되었습니다.

이렇게 설명을 드리니, 어떤 분은 초기불교의 세 가지 장경에 대하여 궁금한 것이 있을 것 같아서 잠시 여기에 관해서 설명하도록 하겠습니다. 초기불교의 교설(教說)은 3차결집(三次結集)에서 결집이 완료된 가르침입니다. 즉 불멸 218년 후[스리랑카 설] 혹은 불멸 116년 후[캐시미르의 전승]에 즉위한 아소카 대왕 때 거행된 3차결집에서 결집이 완료된 고따마 붓다의 가르침을 말합니다. 이렇게 3차결집에서 완료된 초기불교의 교설은 두 갈래의 길을 따라서 인도의 바깥세상으로 퍼져 나갔습니다.

하나는 캐시미르지방을 거점으로 동쪽으로 나아가 중국에서 한문으로 번역되어 『아함경』이 되었고, 다른 하나는 스리랑카에서 빠알리(Pāli)어로 전승되어 『니까야』라는 이름으로 남아 있습니다. 그리고 이 『니까야』는 일본의 불교계가 일본어로 서기 1941년에 번역하여 『남전대장경』이라는 이름으로 유통되고 있습니다. 또한 위에서 언급한 것처럼 근년에는 『니까야』가 여러 형태로 전부 우리말로 번역되어 보급되고 있습니다.

고따마 붓다의 지관수행_{止觀修行}

고따마 붓다의 지관수행 止觀修行

『수행본기경』「출가품」의 지관법문止觀法門

석가모니 부처님의 생애를 전하는 기록을 '부처님의 전기[佛傳]'라고 부릅니다. 저는 출가 후에 여러 종류의 불전들을 탐독하곤 했습니다. 그 많은 여러 종류의 불전을 여러 차례 읽으면서도 납득이 가지 않고, 그 문제를 해결할 수 있는 교리책도 찾지 못한 – 물론 저의 과문(寡聞)의 탓이라고 생각합니다 – 부분이 있었습니다. 다들 아시는 바와 같이 고따마 붓다는 출가 후에 아라다 깔라마(Ārāḍa-Kalāma)와 우드라까 라마뿌뜨라(Udraka-Rāmaputra)라는 선정(禪定)을 닦는 당시 최고의 성자들을 찾아가서 두 스승에게 배우고 그들이 도달한 세계를 밟아서 끝까지 마쳤지만 만족하지 못하고 그분들을 떠납니다.

다음으로 고행(苦行)하는 사람들을 찾아가서 다섯 해를 아무도 감히 흉내 낼 수 없는 혹독한 고행을 했지만, 자신이 바라던 최고의 경지에는 이르지 못했습니다. 어느 날 고따마는 육체를 괴롭히는 일은 오히려 육체에 집착하고 있는 것이라는 생각과 함께 자신이 지금까지 해 온 고행에 대해 문득 회의가 생겼습니다. 육체를 괴롭히기보다는 차라리 그것을 맑게 가짐으로써 열반의 경지를 얻을 수 있다는 생각으로 선정수행과 고행수행 둘 다 버리고 붓다가야의 보리수(菩提樹) 아래에 가부좌를 하고 앉아서 "이 자리에서 육신이 다 죽어 없어져도 좋다. 우주와 생명의 실상(實相)을 깨닫기 전에는 이 자리를 떠나지 않으리라."라고 맹세하면서 독자적인 새로운 수행을 시작하십니다. 그 자리에 앉으셔서 성도(成道)에 장애가 되는 온갖 요인들을 하나하나 사유하고 분석하여 그 모두를 극복하십니다. 마군(魔軍)을 항복받았다는 것입니다. 그리고 마침내 선정(禪定)의 제1단계, 제2단계, 제3단계, 제4단계에 이르러 머무르셨고, 섣달 초여드렛날 동쪽에 샛별이 빛나는 순간 성도를 하셨다는 것입니다.

노납이 불전 가운데 위에서 간략하게 재구성한 가운데서 의문이 생긴 문제는 '아라다 깔라마'와 '우드라까 라마뿌뜨라'라는 두 스승 밑에서 닦은 선정과 보리수 아래서 행한 독자적인 새로운 수행에는 '무슨 차이가 있으며, 그 독자적인 새로운 수행의 방법은 무엇일까?'라는 것이었습니다. 여기에서 문제의 해결에 실마리를 준 경전이 『수행본기경(修行本起經)』 「출가품(出家品)」에 설하는 다음과 같은 내용입니다.

[고행 수행을 하실 때] 고따마 보살은 착함을 얻어서도 기뻐하지 않고 악함을 만나서도 근심하지 않으며, 세상의 여덟 가지 일인 자기에게 이로운 것[利]이 있다고 하면 좋아서 그것을 얻기

위해 크게 움직이고, 세력이 약해질까[衰] 봐 두려운 생각을 하고, 보는 데서 나를 명예훼손 하는 등의 안 좋은 소리[毁]를 들으면 마음이 흔들리고, 드러나는 데서 자기를 떠들썩하게 칭찬함[譽]으로써 그 마음이 흔들리고, 보지 않는 데서 칭찬[稱]하거나 나를 헐뜯을[譏] 때, 괴로움[苦]이나 즐거움[樂]을 버리고, 치우치거나 움직이지 않는 속에서 두 번째 선정[二禪行]을 이루었다.

여섯 해를 이렇게 앉았으니 몸은 마르고 살갗과 뼈는 서로 맞붙었다. 그러나 마음을 고요히 하여 안으로 '들고 나는 숨[出入息, ānāpāna]'을 생각하였으니, 곧 첫째는 [들숨날숨을] 헤아리고[數], 둘째는 [마음이 안정되도록] 숨을 따르며[隨], 셋째는 [산란한 생각을] 멈추고[止], 넷째는 [마음의 근본을] 관찰하며[觀], 다섯째는 고요함에 돌아오고[還], 여섯째는 [있는 바가 없는] 깨끗하게 됨[淨]이다.

…중략(中略)…

생각과 봄에 함이 없어서[無爲] 마치 건장한 사람이 원수를 이기게 된 것과 같아지고, 마음이 깨끗해짐으로써 세 번째 선정[三禪行]을 이루게 되었다.

…중략…

붓다가야의 보리수(菩提樹) 아래에 길상초(吉祥草)를 깔고 가부좌를 하고 편안히 앉아 선정에 들어 괴로움과 즐거움의 뜻을 버리고 기쁨과 근심의 생각이 없으며, 마음에 착함을 의지하지 않고 또한 나쁨을 붙잡지도 않으며, 바로 중간에 있는 것인 헐떡거림이 저절로 없어지고, 고요하여 변함이 없으면서 네 번째 선정[四禪行]을 이루었으며, 악마를 항복받고 샛별이 동쪽에서 빛나는 순간 성불하셨다.

『수행본기경』에서 설하고 있는 내용의 일단을 통하여 우리들은 고따마 붓다가 깨달음을 증득하기 위해서 어떤 수행법을 어떻게 했는가에 관한 중요한 몇 가지 사실들을 알 수가 있습니다.

첫째는 고따마는 고행을 버리고 붓다가야의 보리수 아래서 독자적인 수행을 시작하기 전에 즉, 6년간의 고행 시절에 이미 열반(涅槃)을 증득하기 위하여 반드시 거쳐야 하는 과정인 네 가지 선정들[四禪定] 가운데, 세 번째 선정[三禪行]까지를 이루었다는 것입니다.

둘째는 고따마는 선정과 고행을 통한 세 번째 선정까지도 완전한 깨달음을 얻을 수 없다는 것을 깨닫고, 이 두 가지를 모두 버리고 자리를 옮겨 붓다가야의 보리수 아래로 가서 길상초를 깔고 결가부좌로 앉아서 새로운 수행을 시작합니다.

보리수 아래에서의 수행은 그때까지 당시의 수행사상에 없었던, 독자적인 방법을 계발하여 네 번째 선정의 증득을 위한 수행을 말합니다. 그리고 이미 세 번째 선정의 경지를 증득했기 때문에 보리수 아래서 빠른 시간 안에 네 번째 선정의 경지를 증득하고 바로 붓다가 될 수 있었다는 것입니다.

셋째는 고행수행 가운데 세 번째 경지를 이루게 한 수행법 중 가장 중요한 것이 첫째의 "[들숨날숨을] 헤아리고[數]"와 둘째의 "[마음이 안정되도록] 숨을 따르며[隨]"가 합쳐진 '수식관(數息觀)' 과 셋째의 "[산란한 생각을] 멈추고[止]"와 넷째의 "[마음의 근본을] 관찰하며[觀]"가 합쳐진 '지관(止觀)'이라고 생각합니다.

고따마 붓다의 어린 시절의 명상 체험

앞에서 살펴본 것처럼, 『수행본기경』「출가품」에는 고행수행을 하실 때 고따마보살은 "두 번째 선정[二禪行]을 이루었다."라고 설시하고 있습니다. 이 표현은 열반을 증득하기 위하여 반드시 거쳐야 하는 네 가지 선정들[四禪定] 중 초선정(初禪定)인 제일선정을 고행수행 전에 이미 증득했다는 의미가 됩니다.

그러면 고따마 붓다는 초선정을 언제 이루었을까요? 『불본행집경(佛本行集經)』「제12권」에는 싯다르타 고따마(Siddhārtha Gautama)가 중생들의 삶이 괴로움이라는 것을 느끼고, 그것의 원인을 알기 위해서 명상에 드는 어린 시절에 관해서 다음과 같이 설하고 있습니다.

"어느 때 싯다르타 고따마 태자는 부왕과 함께 봄의 들녘에 나가 농부들이 밭갈이하는 것을 보게 되었다. 옷도 제대로 입지 못한 농부들이 힘들어하면서 소에 보습을 매어 밭을 가는데, 소가 가는 것이 늦어지면 때때로 고삐를 후려치기도 하는 것이었다. 그 사이에 농부도 소도 헐떡거리고 땀을 흘리며 괴로워했다. 그리고 보습에 흙이 파 뒤집히자 벌레들이 나왔으며, 뭇 새들이 다투어 날아와 그 벌레들을 쪼아 먹었다.

이러한 현상을 본 태자는 모든 중생들에게 이런 일이 있음을 생각하고 신음하며 이렇게 말한다.

'아아! 세간의 중생들은 극심한 괴로움을 받나니 곧 나고 늙고 병들고 죽음이며, 또한 가지가지 고뇌를 받으면서 그 가운데 전전하여 떠나지 못하는구나. 어찌하여 이 모든 괴로움에서 벗어나고자 하지 않고, 어찌해서 괴로움을 싫어하고 고요한 지혜를 구하지 않으며, 어찌해서 나고 늙고 병들고 죽음의 괴로움에서 벗어나기를 생각지 않는가.'"

경을 통해서 알 수 있는 것처럼, 고따마 붓다는 어린 시절에 생존경쟁(生存競爭)과 약육강식(弱肉强食) 속에 존재하는 일체 중생의 생존의 본질이 괴로움 그 자체임을 깨닫고, 거기에 놓여 있으면서도 벗어나기를 구하지 않는 것을 가엾이 여깁니다. 그러나 대부분의 사람들은 이러한 사실에 눈뜨지 못하고 있고, 따라서 거기서 벗어나고자 하는 노력을 하지 않는 현실을 생각하며 골똘히 깊은 사유의 세계로 들어갔습니다. 여기서 싯다르타 고따마는 잠시나마 현상세계를 벗어난 고요함과 편안함을 느끼게 되었습니다.

권농일(勸農日) 행사에 참석한 고따마는 어린 나이에도 불구하고 중생들의 삶에 대하여 고뇌하면서 명상에 들었고, 그 명상에서 얻은 신비한 체험은 뒷날 고행과 선정수행 때 짧은 시간 안에 두 번째 선정을 얻게 하는 디딤돌이 된 것입니다.

즉 고따마 붓다는 어렸을 적에 경험한 첫 번째 명상을 상기하며 깨달음에 이르는 방법임을 확신한 것입니다. 그리고 네 번째 명상까지 달성하고 거기에서 궁극의 깨달음을 얻었다는 것이 노납의 생각입니다. 물론 이 때의 고따마 붓다의 명상에 대하여 사마타와 위빠사나 중 어느 하나를 닦았다고 말할 수는 없다고 생각합니다. 왜냐하면 당시의 싯다르타 고따마는 선정을 닦는다는 생각조차 없었고, 단지 고통스러운 보통 사람들의 현실을 생각하며 골똘히 깊은 사유의 세계로 들어가다 보니 현상세계를 벗어난 고요함과 편안함을 느끼게 된 것뿐이기 때문입니다.

그렇지만 싯다르타 고따마의 어릴 적 이 체험을 구태여 이름을 붙인다면 '지관겸수명상(止觀兼修冥想)'이라고 부르는 것이 적당하다는 생각입니다. 왜냐하면 인간으로서는 타고난 본성(本性) 즉 불성(佛性)을 탐욕과 성냄과 어리석음으로 훼손하지 않고 살 수 있다면 그것이 바로 사마타와 위빠사나의 수행을 함께 닦는 경지이기 때문입니다.

'동심(童心)이 불심(佛心)'이라는 말처럼, 모든 사람들의 때 묻지 않은 어릴 때의 마음이 바로 부처님의 마음입니다. 그대와 우리 모두가 사마타와 위빠사나 수행에 관심을 가지게 된 원인은 현실 생활에 대한 갈등과 번민 때문입니다. 결코 심심하고 할 일이 없어서 수행에 마음을 낸 것은 아닐 것입니다. 때문에 사마타와 위빠사나의 수행을 통해서 동심을 회복한다면, 그래서 탐욕과 성냄과 어리석음에서 벗어났다면 그것이 바로 깨달음을 증득한 경지입니다.

그렇다면 싯다르타 고따마는 왜 어릴 때 체험한 초선정이 출가 수행 전까지는 다음단계로 발전하지 못했을까요? 고따마 붓다가 열반하신 후 500년까지를 정법(正法)시대라 하는데, 이때는 아라한과를 증득한 수행자가 많았다고 합니다. 실제로 고따마 붓다와 함께 수행했고, 녹야원에서 붓다의 최초설법을 듣고 다섯 비구인 꼰단냐, 밧디야, 왑빠, 마하나마 그리고 앗사지는 며칠 사이에 아라한이 되었습니다. 그 외에도 대부분의 직계제자들은 붓다의 법문 아래 닷새나 이레 만에 아라한이 되었습니다.

왜 그럴까요? 옛사람들은 물질적 욕망이 크지 않았고 사상이나 심경이 대단히 순박했기 때문에 쉽게 과위를 증득할 수 있었던 것입니다. 그러나 현대인은 학문이 높으면 높을수록 마음을 깨닫는 공부에서는 성공하기가 더 어렵습니다. 평범한 사람들에 비해서 가방끈이 길수록 더 많은 번뇌 속에서 살아가기 때문입니다. 글자

도 모르는 일자무식이라고 알려진 혜능 조사가 『금강경』 읽는 소리를 듣고 불현듯 마음이 밝아진 것도 원인은 여기에 있습니다. 싯다르타 고따마 역시 태자로서의 생활과 학문이나 무예, 정치 등으로 마음을 챙길 여유를 가지지 못했을 것입니다.

지관겸수명상의 의미

위에서 살펴본 것처럼, 열반(涅槃)을 증득하기 위하여 반드시 거쳐야 하는 과정인 네 가지 선정들 가운데 세 번째 선정을 성취하기 위한 고따마의 수행 중 가장 중요한 것이 '수식관(數息觀)'과 '지관(止觀)'입니다. 여기에서는 수식관에 관한 것은 다른 기회로 미루어두고, 먼저 '지관(止觀)'에 관해서 살펴보겠습니다.

대승불교에서는 지금까지 지관수행을 지와 관으로 나누어서 고찰하여 왔지만, 특히 빨리어 사마타(śamatha)의 음역(音譯)인 삼매(三昧)에 드는 것을 위주로 수행하는 경향이 많았습니다. 그러나 최근에 태국이나 미얀마 등 동남아의 상좌부(上座部) 불교가 유입되어 간화선 위주의 한국의 선문(禪門)에서 초기불교의 위빠사나(vipaśynā) 수행이 새롭게 평가받고 있습니다.

그렇지만 빨리어 사마타와 위빠사나의 한역(漢譯)인 지관수행은 초기불교와 중국불교 관계없이 불교수행을 대표하는 핵심술어임은 부정할 수 없습니다.

때문에 사마타와 위빠사나는 불교가 중국으로 전래되어 한문으로 번역되는 과정에서 지관수행(止觀修行)이라는 이름으로 중국화라는 새로운 변화를 하게 됩니다. 먼저 북위(北魏) 때의 남악혜사(南岳慧思, 515~577) 스님이 『대승지관법문(大乘止觀法門)』을 저술하여 지관수행의 중요성을 설하고, 이어서 천태종(天台宗)을 창종(創宗)한 천태지의(天台智顗, 538~597) 스님이 『수습지관좌선법요(修習止觀坐禪法要)』를 지어서 중국불교의 수행법으로 정착시켰습니다.

그리고 우리나라에서는 고려 때의 보조지눌(普照知訥, 1158~1210) 국사가 팔공산 거조사(居祖寺)에서 정혜결사(定慧結社)를 시작하면서 자신이 저술한 『권수정혜결사문(勸修定慧結社文)』을 가지고 수행의 기본 지침서로 했는데, 이는 지관수행을 정혜(定慧)수행으로 이름만 바꾼 변형이라고 볼 수 있습니다. 즉 『수행본기경』의 수식관(數息觀)과 지관(止觀)수행은 중국에서는 지관수행으로, 고려에서는 정혜수행으로 이름을 달리해서 참선수행의 기본으로 삼은 것입니다.

그렇다면 중국에서 말하고 있는 지관과 한국에서 말하고 있는 정혜란 어떻게 하는 수행일까요?

먼저 지관이란 어지럽고 산란한 마음을 가라앉히고 멈추게 한다는 의미의 지[止, 사마타]와 자신의 본래 청정한 본성을 끊임없이 지켜본다는 의미의 관[觀, 위빠사나]으로 나누어 구별하고 있습니다.

다음으로 정혜의 정(定)은 사마타의 다른 번역이고, 혜(慧)란 반야[般若, prajñā] 즉 '최고의 지혜' 혹은 '깨달음의 지혜'로 마음의 본래 성품을 본 것을 말합니다. 따라서 반야인 지혜는 일체를 '있는 그대로[如實] 현상을 안다[知]는 것'을 말하고, 이 혜를 정과 결합하여 생각해 보면 자신의 본래 청정한 성품을 끊임없이 비추어 살펴보는[觀照] 밝은 빛이라고 말할 수 있습니다.

고따마 붓다의 정관명상 _{定觀冥想}

왜 정관명상인가?

고따마 붓다께서 수행의 기본으로 제시하신 사마타와 위빠사나 수행, 그리고 이 두 가지 수행을 지관수행이나 정혜수행이라고 불렀던 중국 초기선종의 선사들이나 보조 국사의 사상을 훼손시키지 않으면서, 기존의 두 어휘를 불교적 명상의 입장에서 현재의 우리말로 옮기려면 어떤 술어가 적당할까?

저는 이 문제를 오랜 시간 생각하는 가운데 한 단어를 조합(組合)하게 되었습니다. 노납은 그것을 '고따마 붓다의 정관명상(定觀冥想)'이라고 명명(命名)하기로 하였습니다. 왜 지금까지 불교에서 전통적으로 오랜 세월에 걸쳐서 사용해 왔던 '지관겸수명상'이나 '정혜명상'이라는 어휘가 아닌 '정관명상'이라 이름 붙였을까요? 여기에는 두 가지 이유가 있습니다.

첫째는 사마타를 남악혜사 선사나 천태지의 스님처럼 지(止)라고 번역했을 경우에는 대부분이 한글세대인 현대인이 이해하기가 너무 어렵다는 것이고, 정(定)이라고 번역했을 경우는 선정(禪定)이라든가 입정(入定) 등으로 번역했을 때처럼 그 의미를 쉽게 받아들일 수 있다는 점입니다.

둘째는 위빠사나를 보조지눌 국사처럼 혜라고 번역했을 경우에는 초기불교에서 주장하는 위빠사나의 본래 의미인 '관찰'이나 '분석'의 뜻이 왜곡될 수 있습니다. 또한 혜가 의미하는 바가 명확하게 다가오지 않을 수 있습니다. 그러나 천태지의 스님처럼 관이라고 번역했을 때는 위빠사나의 본래 의미가 잘 살아날 뿐만 아니라, 쉽게 그 의미에 접근할 수가 있어서 수행을 용이하게 할 수 있을 것이라는 생각 때문입니다.

그런데도 불구하고 앞에서도 잠시 언급한 것처럼 우리 한국불교, 특히 선종임을 자임(自任)하고 있는 조계종(曹溪宗)까지도 참선이라 하면, 즉 한국불교의 선수행(禪修行)은 지관겸수나 정혜쌍수의 관과 혜를 도외시하고 지(止)·정(定)을 닦는 수행 일변도로 흐르는 경향이 많았습니다. 지금부터라도 시정되지 않으면 안 될 중요한 문제입니다.

여하튼 고따마 붓다는 선정과 고행을 통한 세 번째 선정으로도 완전한 깨달음을 얻을 수 없다는 것을 깨닫고는 독자적인 수행법으로 지관수행, 즉 정관명상을 시작했고 이 정관명상수행으로 네 번째 선정을 완성하여 성불의 계기(契機)를 마련한 것입니다.

이렇게 정관[지관]수행이 중요하기 때문에 초기불전에서도 많이 언급하고 있습니다. 가령 『앙굿따라 니까야』「영지(靈知)의 일부 경」에서는 "사마타를 마음(citta)과 마음의 해탈[心解脫] 즉 삼매(定, samādhi)와 연결 짓고, 위빠사나를 통찰지(paññā, 반야)와 통찰지를 통한 해탈[慧解脫] 즉 통찰지[慧, paññā]와 연결"하고 있습니다. 또한 "삼매는 욕망을 극복하는 수행이고, 통찰지(通察智)는 무명을 극복하는 수행"이라고 밝히고 있습니다. 즉 사마타는 마음의 개발을 뜻하는 삼매와 동의어이고, 위빠사나는 대승불교에서 반야(般若)라고 번역하고 있는 통찰지와 동의어입니다. 다시 말하면 대승불교, 특히 양적으로 현존하는 대승경전의 3분의 1을 차지하고 있는 「반야경」의 주제인 반야바라밀(般若波羅蜜)을 증득하기 위해서는 반드시 정관수행을 해야 한다는 것입니다.

정관[지관·정혜] 명상의 순서

싯다르타 고따마의 어릴 적 체험인 '정관겸수명상'의 경우에 있어서 정과 관은 서로가 동시적으로 밑받침이 되는, 상호(相互) 간에 밀접한 관계를 가지고 있습니다. 왜냐하면 정명상(定冥想)을 의지하여 관명상(觀冥想)에 도달하고, 정명상을 통해서 얻어진 선정[삼매]을 바탕으로 관명상에 의한 지혜가 발현되기 때문입니다. 다시 말해서 관명상은 정명상을 따라 일어나고 지혜는 관명상을 통해서 생기기 때문입니다.

앞에서 말씀드린 것처럼, 우리들이 행하는 명상을 비롯한 모든 수행의 동기는 인간이 필연적으로 가지고 있는 번뇌와 망상, 근심걱정 등 온갖 번민을 없애고 편안하고 안온한 가운데 활기찬 삶을 살기 위한 방법입니다. 때문에 인간의 삶과 정관과의 관계를 생각하면 정관은 약과 같고 온갖 번뇌와 근심걱정 등으로 끝없이 유전(流轉)하는 생각은 병과 같습니다. 이것을 더 세분하면 정(定)이라는 약으로 생사의 병을 치료하고, 관(觀)이라는 약으로 번뇌의 병을 다스려야 한다는 말이 됩니다.

고따마 붓다의 첫 번째 명상 스승인 아라다 깔라마는 물질과 감각의 번뇌를 벗어나 깊은 평온과 고요를 경험하는 명상상태를 얻는 것[無所有處定]을 최고의 경지라고 주장하는 사람입니다. 고따마 붓다는 그의 지시대로 수행하여 그것을 얻었지만, 그것만으로는 생사의 굴레로부터 자유로워지려는 열망을 이룰 수 없었으므로 그의 곁을 떠납니다.

다음으로 훨씬 더 뛰어난 명상가인 우드라까 라마뿌뜨라를 찾아가서 가르침을 청합니다. 그의 학설도 자세히 전해지는 것은 없지만, 명상으로 생각 있음도 아니고 생각 없음도 아닌 곳인 선정삼매[非想非非想處定]를 얻는 것을 최고의 경지라고 주장하는 사람입니다. 고따마 붓다는 마찬가지로 수행하여 스승과 똑같이 더 깊은 삼매를 성취했습니다.

하지만 고따마 붓다는 명상을 마치고 일상생활로 돌아가면 역시 다시 괴로움과 괴로움의 원인에 의해 영향 받을 수 있음을 알게되었습니다. 그의 목표는 실재를 있는 그대로 앎으로써 '최상의 숭

고한 평온'에 이르는 것, 최고의 정신력을 길러서 해탈을 얻는 것이었지만 삼매에 드는 것만으로는 그것을 성취할 수 없었던 것입니다. 마침내 고따마 붓다는 삼매를 성취하는 것은 궁극의 목표가 아니라는 것, 하지만 삼매에 의해 안정된 의식 상태를 이루어야 괴로움과 괴로움의 원인의 본질을 살펴볼 수 있음을 깨닫게 되었습니다. 이렇게 선정과 고행수행만으로는 결코 해탈[解脫; 위모크샤(vimokṣa)]을 얻을 수 없다는 경험의 귀중한 자산(資産)에서 새로운 전기를 마련한 것이 어릴 적의 체험인 '정관겸수명상'입니다.

이와 같은 고따마 붓다의 '정관겸수명상'은 남악혜사 선사나 천태지의 스님이 주창한 지관겸수(止觀兼修)나 보조지눌 국사가 가르침의 지침으로 삼았던 정혜쌍수(定慧雙修)로 수행의 큰 물줄기를 자리매김하고 있습니다.

그리고 정관의 빨리어 사마타와 위빠사나라는 두 수행을 어떤 순서로 할 것인가라는 문제를 불러오게 됩니다. 즉 마음을 한가지 대상에 완전히 집중하고 깊이 몰입하는 정명상[사마타]만으로는 해탈[열반]을 얻을 수 없고, 정명상과 관명상[위빠사나]이 반드시 함께하는 '정관겸수명상'이 있을 때 비로소 열반을 증득할 수 있다면 정명상과 관명상 중 어느 쪽부터 해야 하는가라는 문제입니다.

즉 정명상을 먼저 닦아야 하는가, 아니면 관명상을 먼저 닦아야 하는가, 아니면 둘 다를 동시에 닦아야 하는가라는 문제입니다. 바꾸어 말하면 앞에서 불교수행의 정점에 있는 술어가 '깨달음[覺]'

이라는 말이고, 이 깨달음을 다른 말로 하면 '최고의 지혜' 혹은 '깨달음의 지혜'라는 말로 번역하는 '반야[般若, prajñā]의 증득'이라고 말씀드렸습니다. 그리고 반야의 증득은 마음의 본래 성품[本性]인 부처성품[佛性]을 보는 것입니다. 이 마음의 본래 성품을 보기 위해서는 무슨 명상부터 시작해야 하는가라는 문제입니다.

그렇지만 『수행본기경』「출가품」과 『불본행집경』「제12권」에는 이 문제에 관해서 명확한 대답을 찾을 수 없고, 『대승지관법문』과 『수습지관좌선법요』 그리고 『권수정혜결사문』에서도 마찬가지입니다. 물론 지금까지 설명한 내용면에서나 정관 혹은 지관이라는 말의 순서로 보아서는 사마타의 상태에서 위빠사나를 닦는 것이 올바른 명상의 방법이라고 말할 수도 있습니다.

그렇지만 위에서 살펴본 『상윳따 니까야』「도시경」에서는 "무엇이 있어 태어남이 있고 무엇을 인연하여 태어남이 있는가?"라고 끊임없이 물어보면서 자신의 마음을 관찰하고 분석하는 형식의 위빠사나를 먼저 닦고 있음을 설하고 있습니다. 때문에 어느 것이 먼저라고 단정적으로 말할 수는 없을 것 같습니다.

또한 이 문제에 대하여 경전이 전혀 언급하고 있지 않은 것도 아닙니다. 왜냐하면 『앙굿따라 니까야』「쌍경」은 이 문제에 관하여 어느 정도의 지침을 주고 있기 때문입니다. 즉 이 경에서 고따마 붓다는 "초선을 의지해서도 번뇌를 다한 아라한이 되고, 제2선을 의지해도, 제3선을 의지해도, 제4선을 의지해도 아라한이 되며, 나아가서 공무변처부터 비상비비상처까지의 각각을 의지해서도 번뇌가 다한 아라한이 된다."라고 분명하게 밝힌 뒤에, "초선부터 비상비비상처까지의 삼매를 반드시 모두 닦아야만 아라한이 되는 것이 아니다."라고 설하고 계시기 때문입니다.

아무튼 「쌍경」의 내용을 결론적으로 말하면 사마타[定冥想]를 먼저 닦을 수도 있고, 위빠사나[觀冥想]를 먼저 닦을 수도 있으며, 사마타와 위빠사나를 함께 닦을 수도 있다는 것입니다. 그것은 각 개인의 문제이지 어느 것을 먼저 닦아야 하는가는 정해진 것이 아니라는 말입니다.

관조명상의 방법

초기불교와 대승불교를 막론하고 불교수행에 있어서 가장 기본적이고 중요한 어휘가 사마타와 위빠사나라는 것을 앞에서 살펴보았습니다. 노납은 불교적 명상의 입장에서 두 어휘를 '정명상(定冥想)·관명상(觀冥想)'이라고 번역하여 수행명칭을 '고따마 붓다의 정관명상(定觀冥想)'이라 부르겠다고 말씀드렸습니다.

또한 정명상과 관명상의 명상 순서에 있어서도 선후가 정해진 것이 아님도 언급했습니다. 그러나 「성읍경」이나 「도시경」은 둘 다 관명상으로 명상을 시작하는 것을 알 수 있습니다. 앞에서 살펴본 것처럼, 네 가지 선정들 가운데 세 번째 선정을 성취하기 위한 고따마의 수행 중 가장 중요한 것 가운데 하나가 '지관(止觀)'이고, 관의 빨리어 위빠사나라는 말은 불교수행을 대표하는 핵심술어입니다. 그리고 관은 중국불교의 수행법으로 정착되었지만, 우리나라에서는 고려 때의 보조 국사가 정혜결사(定慧結社)를 시작하면서 지관이 아닌 정혜수행으로 이름을 달리해서 참선수행의 기본으로 삼았습니다. 그래서 지관의 입장에서 관명상을 살펴보겠습니다.

티베트 밀교에서는 명상을 '곰'이라고 합니다. '곰'이란 어떤 정해진 수행이나 대상에 계속해서 가까워지는 것을 말합니다. 점점 가까워지는 것이 핵심입니다. 왜냐하면 명상이란 자신의 의식 수준을 높이는 행위인데, 그러기 위해서는 어떤 정해진 대상에 점점 가까워질수록 그 사람의 정신도 높아지기 때문입니다.

이러한 티베트 밀교에서는 명상법을 크게 집중하는 명상법[사마타]과 분석적인 명상법[위빠사나]으로 나누고 있습니다. 먼저 분석적인 명상이란 명상의 주제를 관찰함에 있어서 어느 정도의 분석과 논리적인 사고를 이용하는 명상인데, 다른 말로는 사색적 명상이라고 부릅니다. 다른 하나인 집중하는 명상법에 관해서는 정명상을 설명할 때 다루도록 하겠습니다만, 티베트 밀교를 공부할 때마다 느끼는 것은 티베트 밀교의 전통적인 수행이 초기불교의 명상의 형태를 잘 보존하고 있다는 생각이 들었습니다.

여하튼 필자의 입장에서는 불교적인 명상을 고찰함에 있어서 명칭을 '고따마 붓다의 정관명상'이라 명명하고, 관명상의 방법을 공부함에 있어서도 나름대로의 명상 이름이 필요하다는 생각이 듭니다. 그래서 생각한 이름이 '관조명상(觀照冥想)'이라는 것입니다. 왜 관조라고 하는가에 대해서는 두 가지 이유가 있습니다.

첫째는 대승불교에서 가장 중요하게 취급하는 어휘가 반야(般若)인데, 이 반야에 실상(實相)반야·관조(觀照)반야·방편(方便)반야라는 세 종류가 있기 때문에 이 중에 '관조'라는 단어가 적당하다는 생각입니다.

둘째는 수많은 「반야경」 가운데 '조견(照見)'이라는 말이 많이 나타나는데, 가장 대표적으로 『반야심경』에는 "관자재보살이 깊은 반야바라밀다를 행할 때에 다섯 가지 무더기 모두가 공하였음을 분명히 보고 일체의 고액을 건넜다[觀自在菩薩 行深般若波羅蜜多時 '照見'五蘊皆空 度一切苦厄]."라고 설시하고 있기 때문입니다. 이런 이유에서 저는 관명상의 호칭을 '관조명상(觀照冥想)'이라고 명명하고 관(觀, vipaśynā)수행 즉 관명상의 방법에 관해서 고찰해 보겠습니다.

앞에서 『잡아함경』「성읍경」과 『상윳따 니까야』「도시경」을 통해서 고따마 붓다의 수습명상에 대해서 일별(一瞥)한 적이 있습니다. 관조명상의 방법을 고찰함에 있어서는 「도시경」 전체를 인용한 후에 관조명상의 방법뿐만 아니라, 「도시경」의 내용이 담고 있는 초기불교의 기본교리 및 수행체계 전반에 대하여 필요할 때 별도의 항목을 설정하여 살펴보겠습니다.

　"비구들이여, 내가 깨닫기 전, 아직 완전한 깨달음을 성취하지 못한 보살이었을 때 이런 생각이 들었다.

　'참으로 이 세상은 고통으로 가득하구나. 태어나고 늙고 죽고 죽어서는 다시 태어난다. 그러나 늙음·죽음[老死]이라는 이 괴로움으로부터 벗어남을 꿰뚫어 알지 못한다. 도대체 어디서 늙음·죽음이라는 이 괴로움으로부터 벗어남을 꿰뚫어 알 것인가?'라고.

　비구들이여, 그러자 나에게 이런 생각이 들었다.

　'무엇이 있을 때 늙음·죽음이 있으며 무엇을 조건으로 하여 늙음·죽음이 있는가?'라고.

　비구들이여, 그때 나는 지혜롭게 마음에 잡도리함[如理作意]을 통해서 마침내 '태어남[生]이 있을 때 늙음·죽음이 있으며 태어남을 조건으로 하여 늙음·죽음이 있다.'라고 통찰지로써 관통하였다.

　비구들이여, 그러자 나에게 이런 생각이 들었다.

　'무엇이 있을 때 태어남이 있으며 …무엇이 있을 때 존재[有]가 있으며… 무엇이 있을 때 취착[取]이 있으며 …무엇이 있을 때 갈애[愛]가 있으며 …무엇이 있을 때 느낌[受]이 있으며… 무

엇이 있을 때 감각접촉[觸]이 있으며 …무엇이 있을 때 여섯 감
각장소[六入]가 있으며 무엇이 있을 때 정신·물질[名色]이 있으
며 무엇을 조건으로 하여 정신·물질이 있는가?'라고.

비구들이여, 그때 나는 지혜롭게 마음에 잡도리함을 통해서
마침내 '알음알이가 있을 때 정신·물질이 있으며 알음알이를 조
건으로 하여 정신·물질이 있다.'라고 통찰지로써 관통하였다.

비구들이여, 그러자 나에게 이런 생각이 들었다.

'무엇이 있을 때 알음알이가 있으며 무엇을 조건으로 하여 알
음알이가 있는가?'라고.

비구들이여, 그때 나는 지혜롭게 마음에 잡도리함을 통해서
마침내 '정신·물질이 있을 때 알음알이가 있으며 정신·물질을
조건으로 하여 알음알이가 있다.'라고 통찰지로써 관통하였다.

비구들이여, 그러자 나에게 이런 생각이 들었다.

'이 알음알이는 정신·물질에 다시 되돌아오고 더 이상 넘어가
지 않는다. 이렇게 하여 태어나고 늙고 죽고 죽어서는 다시 태어
난다. 즉 정신·물질을 조건으로 하여 알음알이가, 알음알이를
조건으로 하여 정신·물질이, 정신·물질을 조건으로 하여 여섯
감각장소가, 여섯 감각장소를 조건으로 하여 감각접촉이, 감각접
촉을 조건으로 하여 느낌이, 느낌을 조건으로 하여 갈애가, 갈애
를 조건으로 하여 취착이, 취착을 조건으로 하여 존재가, 존재를
조건으로 하여 태어남이, 태어남을 조건으로 하여 늙음·죽음과

근심·탄식·육체적 고통·정신적 고통·절망이 발생한다. 이와 같이 전체 괴로움의 무더기[苦蘊]가 일어난다.

비구들이여, 나에게는 '일어남[集], 일어남[集]'이라는, 전에 들어본 적이 없는 법(法)들에 대한 눈[眼]이 생겼다. 지혜[智]가 생겼다. 통찰지[慧, paññā, 반야]가 생겼다. 명지[明]가 생겼다. 광명[光]이 생겼다.

비구들이여, 그러자 나에게 이런 생각이 들었다.

'무엇이 없을 때 늙음·죽음이 없으며 무엇이 소멸하기 때문에 늙음·죽음이 소멸하는가?'라고.

비구들이여, 그때 나는 지혜롭게 마음에 잡도리함을 통해서 마침내 '태어남이 없을 때 늙음·죽음이 없으며 태어남이 소멸하기 때문에 늙음·죽음이 소멸한다.'라고 통찰지로써 관통하였다.

비구들이여, 그러자 나에게 이런 생각이 들었다.

'무엇이 없을 때 태어남이 없으며 … 무엇이 없을 때 존재가 없으며 … 무엇이 없을 때 취착이 없으며 … 무엇이 없을 때 갈애가 없으며 … 무엇이 없을 때 느낌이 없으며 … 무엇이 없을 때 감각접촉이 없으며 … 무엇이 없을 때 여섯 감각장소가 없으며 … 무엇이 없을 때 정신·물질이 없으며 무엇이 소멸하기 때문에 정신·물질이 소멸하는가?'라고.

비구들이여, 그때 나는 지혜롭게 마음에 잡도리함을 통해서 마침내 '알음알이가 없을 때 정신·물질이 없으며 알음알이가 소멸하기 때문에 정신·물질이 소멸한다.'라고 통찰지로써 관통하였다.

비구들이여, 그러자 나에게 이런 생각이 들었다.

'무엇이 없을 때 알음알이가 없으며 무엇이 소멸하기 때문에 알음알이가 소멸하는가?'라고.

비구들이여, 그때 나는 지혜롭게 마음에 잡도리함을 통해서 마침내 '정신·물질이 없을 때 알음알이가 없으며 정신·물질이 소멸하기 때문에 알음알이가 소멸한다.'라고 통찰지로써 관통하였다.

비구들이여, 그러자 나에게 이런 생각이 들었다.

'나는 참으로 깨달음을 위한 도를 증득하였다.' 즉 정신·물질이 소멸하기 때문에 알음알이가 소멸하고, 알음알이가 소멸하기 때문에 정신·물질이 소멸하고 정신·물질이 소멸하기 때문에 여섯 가지 감각장소가 소멸하고, 여섯 감각장소가 소멸하기 때문에 감각접촉이 소멸하고, 감각접촉이 소멸하기 때문에 느낌이 소멸하고, 느낌이 소멸하기 때문에 갈애가 소멸하고, 갈애가 소멸하기 때문에 취착이 소멸하고, 취착이 소멸하기 때문에 존재가 소멸하고, 존재가 소멸하기 때문에 태어남이 소멸하고, 태어남이 소멸하기 때문에 늙음·죽음과 근심·탄식·육체적 고통·정신적 고통·절망이 소멸한다. 이와 같이 전체 괴로움의 무더기가 소멸한다.

비구들이여, 나에게는 '소멸[滅], 소멸'이라는, 전에 들어본 적이 없는 법들에 대한 눈이 생겼다, 지혜가 생겼다, 통찰지가 생겼다, 명지가 생겼다, 광명이 생겼다.

비구들이여, 예를 들면 어떤 사람이 밀림의 깊은 숲속을 방황하다가 옛날 사람들이 다니던 옛길과 도로를 보고 그 길을 따라가는 것과 같다. 그는 그 길을 따라가다가 옛날 사람들이 살았던 옛 도시와 옛 수도를 보았는데, 그것은 원림을 갖추었고 숲을 갖추었고 성벽을 가진 멋진 곳이었다.

비구들이여, 그러자 그 사람은 왕과 대신들에게 그 사실을 고했다. '폐하, 폐하께 아룁니다. 저는 밀림의 깊은 숲속을 방황하다가 옛날 사람들이 다니던 옛길과 도로를 보았습니다. 저는 그 길을 따라가다가 옛날 사람들이 살았던 옛 도시와 옛 수도를 보았는데 그것은 원림을 갖추었고 숲을 갖추었고 성벽을 가진 멋진 곳이었습니다. 폐하, 그 도시를 다시 건설하십시오.'라고.

비구들이여, 그러자 왕이나 왕의 대신이 그 도시를 다시 건설하게 해서 그 도시는 나중에 번창하고, 부유해지고, 많은 사람들이 모여들고, 대중들로 가득하고, 성장과 풍족함을 이루게 되었다.

비구들이여, 그와 같이 나는 옛적의 정등각자(正等覺者)들이 다니던 옛길과 옛 도로를 보았다. 비구들이여, 그러면 어떤 것이 옛적의 정등각자들이 다니던 옛길과 옛 거리인가? 그것은 바로 여덟 가지 구성요소를 가진 성스러운 도[八支聖道]이니, 즉 바른 견해[正見], 바른 사유[正思惟], 바른 말[正語], 바른 행위[正業], 바른 생계[正命], 바른 정진[正精進], 바른 마음챙김[正念], 바른 삼매[正定]이다. 비구들이여, 이것이 옛적의 정등각자들이 다니던 옛길과 옛 거리이다.

나는 그 길을 따라갔고 그 길을 따라가면서 늙음·죽음을 최상의 지혜로 알았고 늙음·죽음의 일어남을 최상의 지혜로 알았고 늙음·죽음의 소멸을 최상의 지혜로 알았고 늙음·죽음의 소멸로 인도하는 도 닦음을 최상의 지혜로 알았다.

나는 그 길을 따라갔고 그 길을 따라가면서 태어남을 최상의 지혜로 알았고 … 존재를 최상의 지혜로 알았고 … 취착을 최상의 지혜로 알았고 … 갈애를 최상의 지혜로 알았고 … 느낌을 최상의 지혜로 알았고 … 감각접촉을 최상의 지혜로 알았고 … 여섯 감각접촉을 최상의 지혜로 알았고 … 여섯 감각장소를 최상의 지혜로 알았고 … 정신·물질을 최상의 지혜로 알았고… 알음알이를 최상의 지혜로 알았고 … 의도적 행위들을 최상의 지혜로 알았고 … 의도적 행위들의 일어남을 최상의 지혜로 알았고 의도적 행위들의 소멸을 최상의 지혜로 알았고 의도적 행위들의 소멸로 인도하는 도 닦음을 최상의 지혜로 알았다.

그것을 최상의 지혜로 안 뒤에 나는 비구들과 비구니들과 청신사들과 청신녀들에게 설하였다. 비구들이여, 이렇게 하여 청정

범행은 잘 유지되고, 번창하고, 널리 퍼지고, 많은 사람들이 따르고, 대중적이어서 신과 인간들 사이에서 잘 설명되었다."

– 각묵 옮김, 『상윳따 니까야』 2

먼저 관조명상의 방법에 대해서 「도시경」은 이렇게 설하고 있습니다.

"'참으로 이 세상은 고통으로 가득하구나. 태어나고 늙고 죽고 죽어서는 다시 태어난다. 그러나 늙음·죽음[老死]이라는 이 괴로움으로부터 벗어남을 꿰뚫어 알지 못한다. 도대체 어디서 늙음·죽음이라는 이 괴로움으로부터 벗어남을 꿰뚫어 알 것인가?' 라고.

비구들이여, 그러자 나에게 이런 생각이 들었다. '무엇이 있을 때 늙음·죽음이 있으며 무엇을 조건으로 하여 늙음·죽음이 있는가?' 라고.

비구들이여, 그때 나는 지혜롭게 마음에 잡도리함[如理作意]을 통해서 마침내 '태어남[生]이 있을 때 늙음·죽음이 있으며 태어남을 조건으로 하여 늙음·죽음이 있다.'라고 통찰지로써 관통하였다.'

「도시경」에 의하면, 고따마 붓다의 관조명상의 첫 명상주제였던 '늙음·죽음[老死]'이라는 이 괴로움으로부터 벗어남을 꿰뚫어 알지 못한다. 도대체 어디서 늙음·죽음이라는 이 괴로움으로부터 벗어남을 꿰뚫어 알 것인가?'라는 의문에 대한 일차적인 해답을 겸한 두 번째 명상주제로 시작하고 있습니다.

생로병사(生老病死)라는 인간으로서는, 아니 살아 있는 모든 존재들이 안고 있는 근본고통을 해결하기 위해서 출가한 고따마 붓다로서는 해결해야 할 가장 절실하고 시급한 문제가 관조명상의 주제가 된 것입니다. 이것은 명상을 하고자 하는 모든 사람들에게 첫째로 요구되는 사항입니다. 그냥 맹목적으로 명상을 시작한다는 것은 있을 수 없습니다. 심심해서 혹은 다른 사람들이 한다니까 해보자는 명상은 시간낭비일 뿐 이익이 있을 수 없습니다.

고따마 붓다는 늙음과 죽음이라는 이 문제를 해결하기 위하여 이 늙음과 죽음이라는 대상을 부여잡고 끈질기게 나아갑니다. 이 행위를 수습(修習, 바와나)이라 하고, 티베트 밀교에서 말하는 '곰' 즉 대상과 점점 가까워지는 것입니다.

이렇게 명상주제에 대한 관찰과 분석적 사고를 계속하다 보면 마음속에서부터 차츰 변화가 일어나는 것을 느낄 수 있습니다. 마음 깊은 곳으로부터 '그 무엇'을 얻을 수 있습니다. 이때가 되면 더 이상 관찰하거나 분석하지 말고 오로지 '그 무엇'에 마음을 붙들어 매야 합니다. 흔들림 없이 마음을 그곳에 집중해야 합니다. 이런 상태를 몰입(沒入)이라고 표현할 수도 있습니다.

「도시경」에서는 이때에 얻은 '그 무엇'을 '무엇이 있을 때 늙음·죽음이 있으며 무엇을 조건으로 하여 늙음·죽음이 있는가?' 라는 물음으로 주제가 바뀌고, 고따마 붓다는 그때 "지혜롭게 마음에 잡도리함[如理作意]을 통해서 마침내 '태어남이 있을 때 늙음·죽음이 있으며 태어남을 조건으로 하여 늙음·죽음이 있다'라고 통찰지로써 관통하였다."라고 통찰지로 보고 얻은 결론을 밝히고 있습니다. 고따마 붓다의 관조명상은 위와 같은 방법으로 다음과 같이 계속됩니다.

> "비구들이여, 그러자 나에게 이런 생각이 들었다. '무엇이 있을 때 태어남이 있으며 … 무엇이 있을 때 존재[有]가 있으며 … 무엇이 있을 때 취착[取]이 있으며 … 무엇이 있을 때 갈애[愛]가 있으며 … 무엇이 있을 때 느낌[受]이 있으며 … 무엇이 있을 때 감각접촉[觸]이 있으며 … 무엇이 있을 때 여섯 감각장소[六入]가 있으며 무엇이 있을 때 정신·물질[名色]이 있으며 무엇을 조건으로 하여 정신·물질이 있는가?'라고.
>
> 비구들이여, 그때 나는 지혜롭게 마음에 잡도리함을 통해서 마침내 '알음알이가 있을 때 정신·물질이 있으며 알음알이를 조건으로 하여 정신·물질이 있다.'라고 통찰지로써 관통하였다.
>
> 비구들이여, 그러자 나에게 이런 생각이 들었다. '무엇이 있을 때 알음알이가 있으며 무엇을 조건으로 하여 알음알이가 있는

가?' 라고.

비구들이여, 그때 나는 지혜롭게 마음에 잡도리함을 통해서 마침내 '정신·물질이 있을 때 알음알이가 있으며 정신·물질을 조건으로 하여 알음알이가 있다.'라고 통찰지로써 관통하였다.

비구들이여, 그러자 나에게 이런 생각이 들었다. '이 알음알이는 정신·물질에 다시 되돌아오고 더 이상 넘어가지 않는다. 이렇게 하여 태어나고 늙고 죽고 죽어서는 다시 태어난다. 즉 정신·물질을 조건으로 하여 알음알이가, 알음알이를 조건으로 하여 정신·물질이, 정신·물질을 조건으로 하여 여섯 감각장소가, 여섯 감각장소를 조건으로 하여 감각접촉이, 감각접촉을 조건으로 하여 느낌이, 느낌을 조건으로 하여 갈애가, 갈애를 조건으로 하여 취착이, 취착을 조건으로 하여 존재가, 존재를 조건으로 하여 태어남이, 태어남을 조건으로 하여 늙음·죽음과 근심·탄식·육체적 고통·정신적 고통·절망이 발생한다. 이와 같이 전체 괴로움의 무더기[苦蘊]가 일어난다."

고따마 붓다의 관조명상 대상은 태어남[生], 늙음·죽음[老死], 존재[有], 취착[取], 갈애[愛], 느낌[受], 감각접촉[觸], 여섯 감각장소[六入], 정신·물질[名色], 알음알이[識]로 되어 있습니다.

그리고 관조명상의 일차적으로 통찰지로써 관통한 결론은 "알음알이는 정신·물질에 다시 되돌아오고 더 이상 넘어가지 않는다. 이렇게 하여 태어나고 늙고 죽고 죽어서는 다시 태어난다. 즉 정신·물질을 조건으로 하여 알음알이가, 알음알이를 조건으로 하여 정신·물질이, 정신·물질을 조건으로 하여 여섯 감각장소가, 여섯 감각장소를 조건으로 하여 감각접촉이, 감각접촉을 조건으로 하여 느낌이, 느낌을 조건으로 하여 갈애가, 갈애를 조건으로 하여 취착이, 취착을 조건으로 하여 존재가, 존재를 조건으로 하여 태어남이, 태어남을 조건으로 하여 늙음·죽음과 근심·탄식·육체적 고통·정신적 고통·절망이 발생한다. 이와 같이 전체 괴로움의 무더기[苦蘊]가 일어난다."라는 것입니다.

「도시경」에서의 관조명상의 방법은 이와 같이 해서 '태어남이 있기 때문에 늙음·죽음이 있음'을 알게 되었지만, 이러한 본격적인 불교적 명상수행을 계속하다 보면 번뇌와 망상으로 생멸을 거듭하며 요동치는 마음을 전환하여 반야의 지혜로써 본래 맑고 빛나는 본성(本性)인 불성(佛性)을 환하게 드러낼 수 있게 됩니다. 여기서 우리들은 고따마 붓다가 보리수 아래서의 선정을 닦는 방법을 연기(緣起)의 항목을 하나하나 관찰하고 분석하는 것으로부터 시작한 이유를 깨닫게 됩니다. 즉 관수행인 관조명상이야말로 모든 번뇌를 완전히 끊고 가장 완벽하고 원만한 깨달음을 증득하는 최고·최초의 수행방편이고, 고따마 붓다는 이를 통해서 비로소 붓다가 되신 것입니다.

입정명상의 의미

위에서 살펴본 것처럼, 네 가지 선정들 가운데 세 번째 선정을 성취하기 위한 고따마의 수행 중 가장 중요한 것 가운데 하나가 '지관(止觀)'이고, 지의 빨리어 사마타라는 말은 불교수행을 대표하는 핵심술어입니다. 그리고 지는 중국불교의 수행법으로 정착되었지만, 우리나라에서는 고려 때의 보조국사가 정혜결사(定慧結社)를 시작하면서 지관이 아닌 정혜수행으로 이름을 달리해서 참선수행의 기본으로 삼았습니다. 그래서 위에서는 지관의 입장에서 관명상을 살펴보았습니다만, 이제 정혜의 입장에서 정명상을 살펴볼 차례가 되었습니다.

그런데 관명상의 경우에 명상 이름을 관조명상이라고 부른 것처럼, 정명상에 있어서도 명상 이름이 필요한 것 같습니다. 물론 티베트 밀교와 달라이라마 존자는 집중명상(集中冥想)이라고 명명하고 있지만, 우리나라의 경우에는 우리들에게 익숙한 입정이라는 단어를 생각해서 저는 정명상의 호칭을 '입정명상(入定冥想, 사마타)'이라고 명명하고 정(定, śamatha)수행 즉 정명상에 관해서 고찰해 보겠습니다.

거듭 말씀드립니다만, 불교에서의 명상은 '자신의 마음에서 끊임없이 발생하여 자기의 심신을 괴롭히는 수많은 번뇌를 어떻게 없애고 삶에 행복을 만들 것인가?'라는 데 목적이 있습니다. 고따

66

마 붓다는 이에 대한 처방으로 '입정명상 수행'을 통해서 번뇌를 조복(調伏) 받는 것이 최고라고 가르치고 계십니다.

그러나 입정명상 수행을 통해서 번뇌를 조복 받는 데는 어느 정도의 한계가 있음도 밝히고 있습니다. 마치 풀을 돌로 눌러 놓았을 때 뿌리는 땅속에서 그대로 살아 있으므로 돌만 들어내면 언제라도 줄기가 되살아나는 이치와 같이 번뇌의 근본뿌리까지 단절하지 못한다는 것입니다. 즉 입정명상은 번뇌를 없애는 초보수행에 지나지 않는다는 것입니다. 하지만 비록 입정명상이 번뇌의 조복에 한계가 있음에도 불구하고 이 수행이 번뇌를 항복 받는 것으로는 최선이라고 하십니다. 왜냐하면 이 초보과정이 없이는 그 다음의 높은 단계로 올라설 수가 없기 때문입니다.

티베트 밀교수행에서 명상의 한 종류로 집중명상을 말하고 있는 것처럼, 사마타는 집중하는 명상이기 때문에 한 곳에 집중하지 못하고 불안정한 우리의 마음을 하나의 대상에 집중하는 것이 중요합니다. 즉 어떤 대상에 집중하여 자신의 의식이 바깥으로 향하지 않게 하고 고요하게 하는 것이 중요한 점입니다. 왜냐하면 한 가지 대상에 마음을 집중[沒入]하는 능력을 가지는 정도에 따라서 수행자는 에너지를 분산시키지 않고 선택된 대상에 마음을 향할 수 있는 능력도 증가하기 때문입니다. 그러나 여기서 우리가 분명히 알아야 할 것은 '마음(의식)을 한곳에 집중한다'라는 말은 아주 일반적인 말이지만 이 말의 원어(原語)인 빨리어 '사마타' 곧 '멈춤

[止]'은 평안히 머문다는 뜻으로 의식의 높은 차원을 가리킨다는 점입니다.

우리 모두는 일상생활 속에서 이따금 한곳에 마음을 집중하는 순간을 짧게나마 경험합니다. 그리고 그 경험을 바탕으로 적절한 명상기법을 이용해 그 능력을 키워 나갈 수 있습니다. 그 능력이 완전한 단계에 이를 만큼 커진 상태가 바로 사마타입니다. 이 입정명상을 통해 의식을 한곳에 집중하는 능력을 키움으로써 우리들은 마음의 깊은 안정을 얻을 수 있습니다.

입정명상은 마음의 혼란에서 벗어나게 해 주고, 잡념 때문에 주의가 산만한 평소 상태에서 해방될 수 있게 해 줄 뿐만 아니라, 깊은 의미에서 마음이 늘 활짝 깨어 있게 됩니다. 마음이 고요해질수록 모든 일이 저절로 머릿속에 떠오르게 되는 것입니다. 그리고 이렇게 한가지 대상에 마음을 집중하는 능력은 인간이 본래부터 갖고 태어나는 것이지 새롭게 만드는 것이 아니라는 사실도 염두에 둘 필요가 있습니다.

그렇지만 마음을 한가지 대상에 집중하는 능력을 우리 모두가 본래부터 가지고 태어났지만, 또한 인간에게는 이 능력을 완전히 발휘할 수 없게 방해하는 두 가지 큰 요소도 동시에 마음속에 가지고 있습니다.

불교에서는 이것을 첫째는 의식이 들뜨거나 흥분되는 상태에 빠지는 것[掉擧]이라고 말하고, 둘째는 의식이 가라앉으면서 몽롱하게 졸리는 상태에 떨어지는 것[惛沈]이라고 표현합니다. 도거에 빠지면 안정을 얻을 수 없고, 혼침에 떨어지면 마음에 활력과 생기가 없게 됩니다. 한마디로 '멍하고 둔한' 마음이 되어버립니다.

이와 같은 두 가지 현상은 명상을 시작한 초기 단계에서 일어나는 장애인데, 이런 현상은 근기가 약한 사람에게만 있는 것이 아니라 대부분의 수행자가 겪는 사항이기 때문에 크게 걱정할 일은 아닙니다.

명상을 수행으로 하는 사람은 이 두 가지 장애를 모두 극복해야만 합니다. 그래서 정신적으로 무기력하고 몽롱한 상태의 장애를 극복했을 때 마음의 안정이 찾아오고, 마음이 들뜨거나 흥분되는 상태의 장애를 극복했을 때 의식의 내면 깊은 곳에서 분명한 지성과 활기를 되찾을 수 있습니다.

그리고 이 안정된 마음과 활짝 깨어 있는 마음의 두 가지 힘을 하나로 결합시켜서 집중하고 있는 대상에 생각이 더 깊어지면 어떤 밝고 맑은 것이 뚜렷이 현전(現前)하게 됩니다. 불교에서는 이런 현상을 본래 성품을 보는 것[見性]의 초기단계라고 말하기도 합니다만, 그러나 뚜렷이 현전하는 그것은 형상이 없습니다[一心本無相]. 만약 형상이 보인다면 그것은 비뚤어지는 것입니다. 참선수행이든 염불수행이든 아니면 일반 명상수행이든 관계없이 경지가 깊어지면 나타날 수 있는 현상이기 때문에 마음에 두지 말고 수행을 계속하다 보면 슬그머니 사라지게 마련입니다.

입정명상의 방법

무슨 명상이든 명상의 방법을 불교의 입장에서 말하면, '아무 것도 생각하지 않고 단지 앉아 있는 것'은 좋지 않다고 생각하고 있습니다. 때문에 입정명상에서는 마음을 집중시키기 위해서는 어떤 대상이 필요합니다. 즉 사마타 명상에서 '마음을 멈춘다'고 하지만, 이것은 아무 것도 생각하지 않고 단지 가만히 앉아 있는 것은 아니라는 것입니다.

가령 『수행본기경』 「출가품」에서 "[고행수행을 하실 때] 고따마 보살은 여섯 해를 이렇게 앉았으니 몸은 마르고 살갗과 뼈는 서로 맞붙었다. 그러나 마음을 고요히 하여 안으로 '들고 나는 숨'을 생각하였으니, 곧 첫째는 [들숨날숨을] 헤아리고, 둘째는 [마음이 안정되도록] 숨을 따르며"라고 설하여 '들고 나는 숨'을 생각했던 것처럼, 어떤 명상의 대상을 정하고 그 대상에 마음을 집중하는 수행이 사마타 명상인 것입니다.

대승불교의 대표적인 수행법으로 들 수 있는 것으로 선(禪)과 염불과 주력(呪力)이 있습니다. 이 가운데 주력수행은 가령 '옴 마니 반메 훔'이라는 진언(眞言)을 대상으로 하여 일심으로 외우는 것이고, 염불수행은 가령 '나무아미타불'이라고 부처님을 대상으로 삼고 염불하는 것이며, 선수행은 특히 간화선은 특정의 공안을 대상으로 삼아 참구하는 수행법입니다. 여기서 『벽암록(碧巖錄)』

제17칙을 예로 하여 살펴보겠습니다.

> 어떤 스님이 향림 선사에게 물었다.
> "어떤 것이 조사가 서쪽에서 오신 뜻[祖師西來意]입니까?"
> 향림 선사가 대답했다.
> "오래 앉아 있으니 피곤하구나[坐久成勞]."

조사가 서쪽에서 오신 뜻은 불법을 전하기 위한 것입니다. 때문에 조사서래의(祖師西來意)를 물은 것은 "부처님이 깨달은 법이 무엇입니까?"라는 질문이고, 이 물음에 향림(香林; 908~987) 선사는 "오래 앉아 있으니 피곤하구나."라고 대답한 것입니다. 이 경우 사마타의 대상은 부처님이 깨달은 법을 질문했는데, 그 대답이 '왜? 오래 앉아 있으니 피곤하다는 말을 했을까?'를 끊임없이 의심하고 자신에게 물어보는 것입니다.

그런데 아무리 열심히 '왜?' '왜?'를 놓지 않으려고 해도 어느 순간 그 의심은 도망가 버리고 다른 생각을 하고 있는 자신을 발견하게 됩니다. 입정명상에서 나타나는 장애인 혼침과 도거와는 다른 망상(妄想)이라는 장애입니다. 물론 이외에도 더 많은 장애가 있을 수 있습니다. 또한 이러한 장애는 주력수행과 염불수행에서도 예외 없이 수반되는 사항이기도 합니다.

그러나 염불수행의 경우는 아미타불을 대상으로 삼는 집중명상의 형태는 같지만 아미타불이 계시는 장소를 두고 두 갈래로 나누어지고 있습니다.

첫째는 가장 일반적이고 보편적인 염불의 형태로 아미타불이 공간적으로 서방정토(西方淨土)인 극락세계에 계시는 것을 전제로, 그 세계에 왕생하기를 원하면서 일심으로 염불 수행하는 타방정토(他方淨土) 사상입니다.

둘째는 아미타불이 자신의 마음에 있다는 유심정토(唯心淨土)를 전제로, 극락세계도 결국은 자기 마음속에 있는 경지이므로 자신의 마음속에 있는 정토를 대상으로 집중명상의 염불수행을 하는 것입니다. 대표적인 인물로 나옹혜근(懶翁惠勤; 1320~1376) 선사가 있는데, 선사가 지은 〈염불인에게 주는 글[僧元歌]〉은 이렇게 되어 있습니다.

> 아미타 부처님이 어디메에 계시는가[阿彌陀佛在何方]
> 마음깊이 새겨두고 간절하게 잊지마라[着得心頭切莫忘]
> 생각하고 생각하여 무념처에 이른다면[念到念窮無念處]
> 여섯문이 어느때나 금색광명 냄을보리[六門常放紫金光]

'아미타불이 어디에 계시는지 끊임없이 생각하라. 끊임없이 간절히 생각해라. 이렇게 생각하고 생각해서 생각할 것이 없는 데까지 가버리면 바로 내 몸 전체에서 아미타불을 봐버리는 것이다. 아미타불이 어디 있는가? 밖에 있다? 사방을 찾다, 찾다 내 생각이 멈춰버린, 내 생각이 없는 데까지 가버리면 바로 내 몸뚱이 안의 아미타불이 당장 나올 것이다' 라는 말입니다.

염불이 이렇게 되면 참선수행과 조금도 차이가 없어집니다. 이러한 것이 입정명상의 한 예인데, 이렇게 한 단계 넘어선 자리에서 오랫동안 계속해서 수행하다 보면 지혜광명이 적면(覿面)에 홀연히 나타납니다. 그런데 홀연히 적면에 나타난 지혜광명은 관조명상 때와 마찬가지로 형상이 없습니다.

—

관조명상에 의한 깨달음

—

「도시경」에서의 깨달음

인도의 아소까 대왕 때 거행된 3차결집에서 결집이 완료된 부처님 법문은 『아함경』과 『니까야』의 형태로 현존하고 있습니다. 두 경전 가운데 어느 것이 더 부처님의 직설에 가까운 지는 문헌적으로 고증된 일이 없습니다. 그러나 법문 내용의 표현 방법이나 사용된 어휘 등을 고려하여 유추해 보면 『잡아함경』 「성읍경」보다는 『상윳따 니까야』 「도시경」이 정교하게 가필한 흔적이 더 많다고 여겨지는 까닭에 「도시경」이 완성 본(本)에 가까울 수 있다고 노납은 생각합니다.

또한 「도시경」에는 불교적 명상의 방법뿐만 아니라 불교수행과 그에 따른 깨달음의 증득 과정을 아주 소상하게 설명하고 있습니다. 그리고 부처님께서 깨달음을 증득하신 후 최초로 5비구에게 법문을 설한 내용[初轉法輪]을 비롯한 불교의 중요한 기본교리 전체가 이 경전에서 설하고 있는 고따마 붓다의 명상수행에 뿌리를 두고 있음을 확인할 수 있습니다.

이러한 이유에서 지금부터 위에서 인용한 「도시경」의 내용을 가지고 고따마 붓다의 관조명상과 그에 따른 몇 가지 깨달음의 모습과 의미에 관하여 살펴보겠습니다.

위에서 인용한 『상윳따 니까야』 「도시경」은 고따마 붓다의 관조명상의 첫 명상 주제인 '늙음과 죽음[老死]이라는 괴로움으로부터 벗어날 수 있는 방법'의 추구라는 의문에 대한 일차적인 해답을 겸한 두 번째 명상 주제로 시작하고 있습니다. 생·노·병·사라는 인간의 근본고통을 해결하기 위해서 출가수행을 시작한 고따마로서는 당연한 것이었고, 또한 이 문제는 모든 명상하는 사람들의 대상의 주제가 되어야 할 중요한 부분이기도 합니다.

그러나 고따마의 이러한 관조명상이 시간적으로는 그렇게 오래 하시지는 않았다는 생각이 듭니다. 왜냐하면 『수행본기경』 「출가품」의 내용을 보면 6년 고행의 막바지인 세 번째 선정[三禪行]을 이루기 직전의 수행이기 때문입니다. 그렇지만 기간의 장단(長短)에 관계없이 늙음과 죽음의 문제를 대상으로 한 생각은 잠시도 놓지 않고 비추어보고 있습니다.

이러한 고따마의 연기(緣起)의 이치(理致)에 대한 관조명상은 스스로 묻고, 그 물음으로부터 얻은 스스로의 해답을 가지고 다음 명상 주제를 관찰하는 순서로 진척해 나갑니다. 여기서 중요한 명상 주제와 스스로 얻은 해답을 간략하게 정리해 보겠습니다.

고따마 붓다는 지혜롭게 마음에 잡도리함[如理作意]을 통해서 마침내 "태어남[生]이 있을 때 늙음·죽음[老·死]이 있으며 태어남을 조건으로 하여 늙음·죽음이 있다."라고 통찰지로써 관통한 후에 이어서 '존재[有], 취착[取], 감각접촉[觸], 갈애[愛], 느낌 [受], 알음알이[識], 정신·물질[名色], 여섯 감각장소[六入]'에 대해서도 마찬가지 방법으로 차례로 관조명상을 하여 통찰지로써 관통합니다. 그리고 결론적으로 "태어남을 조건으로 하여 늙음·죽음과 근심·탄식·육체적 고통·정신적 고통·절망이 발생한다. 이와 같이 전체 괴로움의 무더기[苦蘊]가 일어난다."라고 통찰지로써 관통합니다.

바로 그 순간, 고따마 붓다의 수행의 측면에서뿐만 아니라 생애 전체를 통틀어서 비교해 보았을 때 획기적인 엄청난 사건이 일어납니다. 이때의 일을 고따마 붓다는 "비구들이여, 나에게는 '일어남[集], 일어남[集]'이라는, 전에 들어본 적이 없는 법(法)들에 대한 눈[眼]이 생겼다, 지혜[智]가 생겼다, 통찰지[慧, paññā(반야)]가 생겼다, 명지[明]가 생겼다, 광명[光]이 생겼다."라고 밝히고 있습니다.

이 획기적이고 중요한 일이 불교사상 전체를 통해서 볼 때, 어떤 의미를 가지는가에 관해서의 설명은 뒤의 「도시경」에서의 깨달음의 의미'의 항에서 말하겠습니다. 왜냐하면 이와 같은 일이 이후에도 한 차례 더 생기기 때문에 마지막에 종합해서 설명하는 것이 좋겠다는 생각 때문입니다.

다시 이어지는 내용은 "무엇이 없을 때 늙음·죽음이 없으며 무엇이 소멸하기 때문에 늙음·죽음이 소멸하는가?"라는 것으로 명상의 주제가 존재하는 이유[有]에서 없어지는 이유[無]로 바뀌게 됩니다. 그리고 이러한 관찰에서 얻은 해답을 고따마 붓다는 "그때 나는 지혜롭게 마음에 잡도리함을 통해서 마침내 '태어남이 없을 때 늙음·죽음이 없으며 태어남이 소멸하기 때문에 늙음·죽음이 소멸한다'라고 통찰지로써 관통하였다."라고 설한 후, 이어서 '존재, 취착, 갈애, 느낌, 감각접촉·감각장소·정신과 물질'에 대해서도 없어지고 소멸하는 이유에 대해서 차례로 관찰합니다.

그런데 다음으로 이어지는 내용이 "그때 나는 지혜롭게 마음에 잡도리함을 통해서 마침내 '알음알이가 없을 때 정신·물질이 없으며 알음알이가 소멸하기 때문에 정신·물질이 소멸한다.'라고 통찰지로써 관통하였다."라는 것입니다. 이어서 다시 "무엇이 없을 때 알음알이가 없으며 무엇이 소멸하기 때문에 알음알이가 소멸하는가?"라는 의문이 새롭게 명상주제가 되어 "그때 나는 지혜롭게 마음에 잡도리함을 통해서 마침내 '정신·물질이 없을 때 알음알이가 없으며 정신·물질이 소멸하기 때문에 알음알이가 소멸한다'라고 통찰지로써 관통하였다."라고 설한 다음, 고따마 붓다는 "나는 참으로 '깨달음을 위한 도'를 증득하였다."라고 비구들에게 말씀하십니다.

저는 부처님의 이 선언적인 말씀을 접하고 조금 혼란이 왔습니다. '깨달음을 위한 도의 증득'이라는 의미를 알 수 없었기 때문입니다. 「성읍경」에서 이 내용을 살펴보았지만 거기에는 없었습니다. 다행히 다른 경전의 주석에서 동일한 문장의 해석을 볼 수 있었는데, 거기에서는 이렇게 설명하고 있습니다.

"여기서의 '도(magga)'란 위빠사나의 도이다. '깨달음을 위한'이란 '사성제를 깨닫기 위한', '열반을 깨닫기 위한'이라는 뜻이다." 즉 위빠사나의 도와 성스러운 도는 구분이 되어 나타나고 있다는 것입니다. 그리고 이 '깨달음을 위한 도의 증득'으로 "정신·물질이 소멸하기 때문에 알음알이, 여섯 가지 감각장소, 감각접촉, 느낌, 갈애, 취착, 존재, 태어남, 늙음·죽음과 근심·탄식·육체적 고통·정신적 고통·절망이 소멸한다. 이와 같이 전체 괴로움의 무더기가 소멸한다."라고 설하십니다.

이어서 깨달음의 관점에서는 마지막의 선언이라고 여겨지는 "비구들이여, 나에게는 '소멸[滅], 소멸'이라는, 전에 들어본 적이 없는 법들에 대한 눈이 생겼다, 지혜가 생겼다, 통찰지가 생겼다, 명지가 생겼다, 광명이 생겼다."라는 법문을 설한 다음, 관조명상으로 증득한 연기의 이법(理法)이 고따마 붓다 자신만이 체득했거나 깨달은 법이 아닐 뿐만 아니라 자신이 만든 법칙도 아닌, 단지 자신은 이 이법의 발견자라는 사실을 이렇게 말씀하십니다.

"비구들이여, 예를 들면 어떤 사람이 밀림의 깊은 숲속을 방황하다가 옛날 사람들이 다니던 옛길과 도로를 보고 그 길을 따라가는 것과 같다. 그는 그 길을 따라가다가 옛날 사람들이 살았던 옛 도시와 옛 수도를 보았는데, 그것은 원림을 갖추었고 숲을 갖추었고 성벽을 가진 멋진 곳이었다. 그러자 그 사람은 왕과 대신들에게 그 사실을 고했다. 그리고는 그 도시를 다시 건설할 것을 말씀드리니, 왕과 대신들이 그 도시를 다시 건설해서 그 도시는 나중에 번창하고, 부유해지고, 많은 사람들이 모여들어 성장과 풍족함을 이루게 되었다.

비구들이여, 그와 같이 나는 옛적의 정등각자(正等覺者)들이 다니던 옛길과 옛 도로를 보았다. 비구들이여, 그러면 어떤 것이 옛적의 정등각자들이 다니던 옛길과 옛 거리인가? 그것은 바로 여덟 가지 구성요소를 가진 성스러운 도[八支聖道]이니, 즉 바른 견해[正見], 바른 사유[正思惟], 바른 말[正語], 바른 행위[正業], 바른 생계[正命], 바른 정진[正精進], 바른 마음챙김[正念], 바른 삼매[正定]이다.

비구들이여, 이것이 옛적의 정등각자들이 다니던 옛길과 옛 거리이다. 나는 그 길을 따라갔고 그 길을 따라가면서 늙음 · 죽음을 최상의 지혜로 알았고 늙음 · 죽음의 일어남을 최상의 지혜로 알았고 늙음 · 죽음의 소멸을 최상의 지혜로 알았고 늙음 · 죽음의 소멸로 인도하는 도 닦음을 최상의 지혜로 알았다."라고.

「도시경」과 「초전법륜경」

『상윳따 니까야』「도시경」을 통해서 고따마 붓다의 '관조명상과 깨달음'을 살펴보는 가운데, 노납은 경의 내용이 고따마 붓다가 깨달음을 증득하신 후 바라나시의 녹야원(鹿野苑)에서 5비구(五比丘)에게 처음으로 진리의 말씀을 하실 때[初轉法輪]의 내용과 너무나 닮아 있다는 생각이 들었습니다. 즉 「도시경」의 내용이 초전법륜의 원형(原形)으로 고따마 붓다가 6년간의 수행으로 획득한 전 재산인 연기의 이법(理法)의 증득에 관한 시작과 과정 그리고 관조명상의 결과로 얻은 '연기(緣起)라는 소득'을 초전법륜에서 언설로써 표현하고 선언하는 것에 다름이 아니라는 생각을 하게 된 것입니다.

초전법륜에는 불교교리의 핵심이라고 할 수 있는 중도사상(中道思想)·네 가지 성스러운 진리[四聖諦]·여덟 가지 구성요소를 가진 성스러운 도[八正道]·빤냐[paññā, Sk; prajñā(쁘라즈냐, 반야바라밀)] 등이 설해져 있습니다.

그렇지만 노납은 엄밀한 의미에서 12연기와 사성제는 가르침의 내용과 취지가 조금은 다르다는 생각을 합니다. 그럼에도 불구하고 『상윳따 니까야』의 「도시경」과 「초전법륜경(初轉法輪經)」을 함께 묶어서 논하고자 하는 것은 사성제가 연기의 이법을 관찰하고 사유하는 가운데서 드러난 깨달음이기 때문입니다.

「도시경」에서는 깨달음인 빤냐(paññā) 등이 생긴 순간을 두 차례 언급하고 있습니다. 첫 번째는 태어남과 알음알이 등이 서로 의존하는 성품에 연유한다는 깨달음을 거쳐서 "전체 괴로움의 무더기[苦蘊]가 일어난다."라고 통찰지로써 관통했을 때이고, 두 번째는 태어남이 소멸하기 때문에 늙음·죽음 등의 '전체 괴로움의 무더기가 소멸'함을 통찰지로써 관통했을 때입니다. 이때 고따마 붓다는 '일어남[集], 일어남'과 '소멸[滅], 소멸'이라는 전에 들어본 적이 없는 "법(法)들에 대한 눈[眼]이 생겼다, 지혜[智]가 생겼다, 통찰지[慧, paññā, 반야]가 생겼다, 명지[明]가 생겼다, 광명[光]이 생겼다."라고 설하고 계십니다.

따라서 「도시경」에서 설하고 있는 괴로움의 무더기와 일어남[集]과 소멸[滅]은 사성제의 고성제·집성제·멸성제를 선취(先取)하고 있다고 여겨집니다. 이렇게 생각하면 12연기의 순관은 사성제 중의 고성제와 집성제를 설명하는 것에 해당하고, 역관이 도달하는 바는 멸성제와 도성제가 도달하는 곳이라 할 수 있습니다. 그러므로 역관은 도성제의 실천과 밀접하게 결합되어 있다고 볼 수 있습니다. 이러한 사실은 「초전법륜경」을 살펴보는 과정에서 알 수 있으리라고 생각합니다. 초전법륜의 내용을 전하고 있는 경은 여러 종류가 있지만, 『상윳따 니까야』「초전법륜경, S56:11」에서는 이렇게 설하고 있습니다.

세존께서 5비구를 불러서 말씀하셨다.

"비구들이여, 출가자가 가까이하지 않아야 할 두 가지 극단(極端)이 있다. 무엇이 둘인가? 그것은 저열하고 촌스럽고 범속하고 성스럽지 못하고 이익을 주지 않는 감각적 욕망들에 대한 쾌락의 탐닉에 몰두하는 것과, 괴롭고 성스럽지 못하고 이익을 주지 않는 자기 학대에 몰두하는 것이다. 비구들이여, 이러한 두 가지 극단을 의지하지 않고 여래는 중도(中道)를 완전하게 깨달았나니 [이 중도는] 안목을 만들고 지혜를 만들며, 고요함과 최상의 지혜와 바른 깨달음과 열반으로 인도한다.

비구들이여, 그러면 어떤 것이 여래가 완전하게 깨달았으며, 안목을 만들고 지혜를 만들며, 고요함과 최상의 지혜와 바른 깨달음과 열반으로 인도하는 중도인가? 그것은 바로 여덟 가지 구성요소를 가진 성스러운 도[八支聖道]이니, 바른 견해[正見], 바른 사유[正思惟], 바른 말[正語], 바른 행위[正業], 바른 생계[正命], 바른 정진[正精進], 바른 마음챙김[正念], 바른 삼매[正定]이다.

비구들이여, 이것이 바로 여래가 완전하게 깨달았으며, 안목을 만들고 지혜를 만들며, 고요함과 최상의 지혜와 바른 깨달음과 열반으로 인도하는 중도이다.

비구들이여, 이것이 괴로움의 성스러운 진리[苦聖諦]이다. 태어남도 괴로움이다. 늙음도 괴로움이다. 병도 괴로움이다. 죽음도 괴로움이다. (근심·탄식·육체적 고통·정신적 고통·절망도 괴로움이다.) 싫어하는 (대상)들과 만나는 것은 괴로움이다. 좋아하는 (대상)들과 헤어지는 것도 괴로움이다. 원하는 것을 얻지 못하는 것도 괴로움이다. 요컨대 취착의 (대상이 되는) 다섯 가지 무더기[五取蘊] 자체가 괴로움이다.

비구들이여, 이것이 괴로움의 일어남의 성스러운 진리[苦集聖諦]이다. 그것은 바로 갈애이니, 다시 태어남을 가져오고 즐김과 탐욕이 함께하며 여기저기서 즐기는 것이다. 감각적 욕망에 대한 갈애[欲愛]와 존재에 대한 갈애[有愛]와 존재하지 않음에 대한 갈애[無有愛]가 그것이다.

비구들이여, 이것이 괴로움의 소멸의 성스러운 진리[苦滅聖諦]이다. 그것은 바로 그러한 갈애가 남김없이 빛바래어 소멸함, 버림, 놓아버림, 벗어남, 집착 없음이다.

비구들이여, 이것이 괴로움의 소멸로 인도하는 도 닦음의 성스러운 진리[苦滅道聖諦]이다. 그것은 바로 여덟 가지 구성요소를 가진 성스러운 도[八支聖道]이니, 즉 바른 견해[正見], 바른 사유[正思惟], 바른 말[正語], 바른 행위[正業], 바른 생계[正命], 바른 정진[正精進], 바른 마음챙김[正念], 바른 삼매[正定]이다.

비구들이여, 나에게는 '이것이 괴로움의 진리이다'라는, 전에 들어보지 못한 법들에 대한 눈[眼]이 생겼다. 지혜[智]가 생겼다, 통찰지[慧]가 생겼다, 명지[明]가 생겼다, 광명[光]이 생겼다. '이 괴로움의 진리는 철저하게 알려져야 한다'라는, 전에 들어보지 못한 법들에 대한 눈이 생겼다, 지혜가 생겼다, 통찰지가 생겼다, 명지가 생겼다, 광명이 생겼다. '이 괴로움의 진리는 철저하게 알려졌다'라는, 전에 들어보지 못한 법들에 대한 눈이 생겼다, 지혜가 생겼다, 통찰지가 생겼다, 명지가 생겼다, 광명이 생겼다.

비구들이여, 나에게는 '이것이 괴로움의 일어남의 진리이다'라는, 전에 들어보지 못한 법들에 대한 눈[眼]이 생겼다, 지혜[智]가 생겼다, 통찰지[慧]가 생겼다, 명지[明]가 생겼다, 광명[光]이 생겼다. '이 괴로움의 일어남의 진리는 버려져야 한다'라는, 전에 들어보지 못한 법들에 대한 눈이 생겼다, 지혜가 생겼다, 통찰지가 생겼다, 명지가 생겼다, 광명이 생겼다. '이 괴로움의 일어남의 진리는 버려졌다'라는, 전에 들어보지 못한 법들에 대한 눈이 생겼다, 지혜가 생겼다, 통찰지가 생겼다, 명지가 생겼다, 광명이 생겼다.

비구들이여, 나에게는 '이것이 괴로움의 소멸의 진리이다'라는, 전에 들어보지 못한 법들에 대한 눈[眼]이 생겼다, 지혜[智]가 생겼다, 통찰지[慧]가 생겼다, 명지[明]가 생겼다, 광명[光]이 생겼다. '이 괴로움의 일어남의 진리는 버려져야 한다'라는, 전에 들어보지 못한 법들에 대한 눈이 생겼다, 지혜가 생겼다, 통찰지가 생겼다, 명지가 생겼다, 광명이 생겼다. '이 괴로움의 일어남의 진리는 버려졌다'라는, 전에 들어보지 못한 법들에 대한 눈이 생겼다, 지혜가 생겼다, 통찰지가 생겼다, 명지가 생겼다, 광명이 생겼다.

비구들이여, 나에게는 '이것이 괴로움의 소멸로 인도하는 도닦음의 진리이다'라는, 전에 들어보지 못한 법들에 대한 눈[眼]이 생겼다, 지혜[智]가 생겼다, 통찰지[慧]가 생겼다, 명지[明]가 생겼다, 광명[光]이 생겼다. '이 괴로움의 일어남의 진리는 버려져야 한다'라는, 전에 들어보지 못한 법들에 대한 눈이 생겼다, 지혜가 생겼다, 통찰지가 생겼다, 명지가 생겼다, 광명이 생겼다. '이 괴로움의 일어남의 진리는 버려졌다'라는, 전에 들어보지 못한 법들에 대한 눈이 생겼다, 지혜가 생겼다, 통찰지가 생겼다, 명지가 생겼다, 광명이 생겼다.

비구들이여, 내가 이와 같이 세 가지 양상과 열두 가지 형태를 갖추어서 네 가지 성스러운 진리를 있는 그대로 알고 보는 것이 지극히 청정하게 되지 못하였다면 나는 위없는 바른 깨달음을 실현하였다고 신과 마라와 범천을 포함한 세상에서, 사문·바라문과 신과 사람을 포함한 무리 가운데에서 스스로 천명하지 않았을 것이다.

비구들이여, 내가 이와 같이 세 가지 양상과 열두 가지 형태를 갖추어서 네 가지 성스러운 진리를 있는 그대로 알고 보는 것이

지극히 청정하게 나는 위없는 바른 깨달음을 실현했다고 신과 마라와 범천을 포함한 세상에서, 사문·바라문과 신과 사람을 포함한 무리 가운데에서 스스로 천명하였다. 그리고 나에게는 '나의 해탈은 확고부동하다. 이것이 나의 마지막 태어남이며, 이제 더이상의 다시 태어남[再生]은 없다'라는 지와 견이 일어났다."

세존께서는 이렇게 말씀하셨다. 5비구는 마음이 흡족해져서 세존의 말씀을 듣고 크게 기뻐하였다. 이 상세한 설명이 설해졌을 때 꼰단냐 존자에게는 '일어나는 법이 곧 소멸하는 법이다[集法卽滅法]'라는 티 없고 때가 없는 법의 눈[法眼]이 생겼다. 〈이하 생략〉

– 각묵 옮김, 『상윳따 니까야』 제6권

그대와 우리 모두는 여기서 『상윳따 니까야』 「초전법륜경」에서 설하는 초전법륜의 내용이 『상윳따 니까야』 「도시경」의 내용을 부연(敷衍)하여 설명하는 형태를 취하고 있음을 확인할 수 있습니다. 물론 「도시경」에서는 나타나지 않는 내용이 몇 가지 있습니다. 첫째는 "여래는 중도(中道)를 완전하게 깨달았다."라고 설하시면서, "(이 중도는) 안목을 만들고 지혜를 만들며, 고요함과 최상의 지혜와 바른 깨달음과 열반으로 인도한다."라는 말로 중도의 증득이 바로 깨달음의 증득임을 천명하고 계십니다.

둘째는 여덟 가지 구성요소를 가진 성스러운 도[八支聖道]가

'중도'여서, "이것이 여래가 완전하게 깨달았으며, 안목을 만들고 지혜를 만들고, 고요함과 최상의 지혜와 바른 깨달음과 열반으로 인도한다."라고 설하고 있습니다.

셋째는 네 가지 성스러운 진리[四聖諦]의 하나하나에 전부 "전에 들어보지 못한 법들에 대한 눈[眼]이 생겼다, 지혜[智]가 생겼다, 통찰지[慧]가 생겼다, 명지[明]가 생겼다, 광명[光]이 생겼다."라고 설하여,「도시경」보다 두 가지 진리를 더하고 있습니다. 때문에 이 책에서는 네 가지 성스러운 진리[四聖諦]에 관하여 네 가지 전체를 자세히 설명하도록 하겠습니다.

「도시경」에서의 깨달음의 의미

고따마 붓다의 깨달음은 앞에서 여러 번 말씀드린 것처럼, 관조명상의 결과물로 나타납니다. 물론 노납이 지금 '깨달음'이라고 표현한 말은 완전하고 원만한 최고의 경지인 정각(正覺)을 지칭하는 것이 아니라 아뇩다라삼먁삼보리(阿耨多羅三藐三菩提)를 증득하기 전에 일어나는 과정에서의 '깨달음'을 말합니다. 가장 먼저 생긴 것은 "태어남[生]이 있을 때 늙음과 죽음이 있으며 태어남을 조건으로 하여 늙음과 죽음이 있다."라는 '통찰지로서의 관통'입니다.

이 '통찰지로서의 관통'은 뒤이어서 태어남의 원인을 분석하고 관찰하는 관조명상을 통하여 '존재[有], 취착[取], 갈애[愛], 느낌[受], 감각접촉[觸], 감각장소[六入], 정신·물질[名色], 알음알이[識]'가 서로 의존하는 성품[相依性]에 있다는 깨달음을 거쳐서 "전체 괴로움의 무더기[苦蘊]가 일어난다."라고 통찰지로써 관통합니다.

이 순간 고따마 붓다는 "나에게는 '일어남[集], 일어남[集]'이라는, 전에 들어본 적이 없는 법(法)들에 대한 눈[眼]이 생겼다, 지혜[智]가 생겼다, 통찰지[慧, paññā, 반야]가 생겼다, 명지[明]가 생겼다, 광명[光]이 생겼다."라고 말씀하십니다. 그리고 이 통찰지의 얻음으로 명상의 대상이 "무엇이 없을 때 늙음과 죽음이 없으며 무엇이 소멸하기 때문에 늙음과 죽음이 소멸하는가?"라는 것으로 바뀌게 됩니다. 아울러 이 '소멸'이라는 관조명상의 주제는 마침내 고따마 붓다로 하여금 "태어남이 소멸하기 때문에 늙음과 죽음과 근심·탄식·육체적 고통·정신적 고통·절망이 소멸한다. 이와 같이 전체 괴로움의 무더기가 소멸한다."라는 결론을 얻게 합니다. 그리고 바로 완전한 깨달음이라 할 수 있는 "나에게는 '소멸[滅], 소멸'이라는, 전에 들어본 적이 없는 법들에 대한 눈이 생겼다, 지혜가 생겼다, 통찰지가 생겼다, 명지가 생겼다, 광명이 생겼다."라고 선언하십니다.

부처님께서는 '일어남[集]'과 '소멸[滅]'의 법들에 대해서 "눈

[眼], 지혜[智], 통찰지[慧, paññā, 반야], 명지[明]가, 광명[光]이 생겼다."라는 다섯 가지 표현을 합니다. 그런데 대승불교에서는 이 여섯 가지 표현 가운데 통찰지를 대표적인 어휘로 정착시켰다는 생각이 듭니다. 왜냐하면 통찰지(通察智)란 빨리어 빤냐(paññā)의 번역어로 산스끄리뜨어는 쁘라즈냐(prajñā)인데, 중국의 불교 전래 초기부터 '반야(般若)'라고 음역(音譯)하여 「반야경」에서는 정각의 의미를 '반야바라밀'이라는 말로 표현하고 있기 때문입니다.

즉 부처님께서 통찰지로써 확실하게 보았다는 말은 대승불교의 입장에서 말하면, "태어남이 있을 때 늙음·죽음이 있으며 태어남을 조건으로 하여 늙음·죽음이 있다."라는 말은 어찌 보면 너무나 당연한 그 사실을 알았다는 것이 아니라, 반야의 지혜로 체득(體得)했다는 것입니다. 거듭 말합니다만, "태어남이 있을 때 늙음·죽음이 있다"라는 진리의 말같이 들리지 않는 이 평범한 말을 그냥 '안다는 것'과 반야를 '체득했다는 것'과는 근본적으로 차이가 있다는 점을 의미하는 것입니다.

그러나 고따마 붓다는 연기의 이법을 사유하여 증득한 깨달음의 길은 '옛적의 정등각자(正等覺者)들이 다니던 옛길과 옛 도로를 본 것'에 불과하다는 말씀을 하시면서, '여덟 가지 구성요소를 가진 성스러운 도[八支聖道]인 바른 견해[正見], 바른 사유[正思惟], 바른 말[正語], 바른 행위[正業], 바른 생계[正命], 바른 정진[正精進], 바른 마음챙김[正念], 바른 삼매[正定]를 열거합니다. 고따마 붓다는 옛적의 정등각자들이 다니던 그 길을 따라가면서 늙음과 죽음을 최상의 지혜로 알았고, 늙음과 죽음의 일어남을 최상의 지혜로 알았고, 늙음과 죽음의 소멸을 최상의 지혜로 알았고 늙음과 죽음의 소멸로 인도하는 도 닦음을 최상의 지혜로 깨달은 것입니다. 아뇩다라삼먁삼보리를 증득하신 것입니다. 「반야경」의 표현으로는 마하반야바라밀을 증득하신 것입니다.

위에서 「도시경」의 내용이 초전법륜의 중요한 골격임을 증명하기 위해서 「초전법륜경」을 인용하여 살펴보았는데, 두 경전에서 똑같이 초기불교의 중요한 교리인 '네 가지 성스러운 진리[四聖諦]'와 '여덟 가지 구성요소를 가진 성스러운 도[八正道]'를 설하고 있음을 알 수 있었습니다.

또한 「초전법륜경」에서는 직접적으로 연기의 이치를 관조하는 명상을 언급하고 있는 않지만, '괴로움의 일어남의 성스러운 진리[集諦]'를 설명하면서 '미혹의 생존을 불러일으키고, 즐거움과 탐욕을 동반하여 모든 것에 집착하는 애욕[渴愛]'이 '괴로움의 성스러운 진리[苦聖諦]'를 만드는 원인임을 설하고 있습니다.

다시 말하면 「도시경」과 「초전법륜경」은 부처님께서 녹야원에서 최초로 설한 '네 가지 성스러운 진리'를 깨달아서 '법들에 대한 눈[眼]과 지혜[智]와 통찰지[慧, paññā, 반야]와 명지[明]와 광명[光]' 즉 '아뇩다라삼먁삼보리', 곧 '마하반야바라밀'을 증득했는데, 이 깨달음은 바로 연기의 이치를 관조명상한 결과라는 설명입니다. 이러한 사실은 불교의 명상이 그 지향점을 어디에 두고 있는가를 알 수 있는 중요한 포인트가 됩니다. 불교의 관조명상이 일반인이 생각하는 메디테이션과 확연히 다르다는 것을 이 두 경에서도 잘 보여주고 있습니다.

네 가지 성스러운 진리

괴로움의 성스러운 진리

위에서 살펴본 것처럼, 고따마 붓다가 초전법륜(初轉法輪)에서 설한 중요한 내용 가운데 하나인 '네 가지 성스러운 진리[四聖諦]' 및 '여덟 가지 구성요소를 가진 성스러운 도[八正道]'는 『상윳따 니까야』 「도시경」의 주제와 맥락을 같이하고 있습니다. 그리고 두 경전의 상관관계를 증명하기 위해서 『상윳따 니까야』 「초전법륜경」을 인용하여 고찰해 보았습니다. 이하에서는 「초전법륜경」을 중심으로 하여 네 가지 성스러운 진리에 관하여 살펴보겠습니다.

네 가지 성스러운 진리 가운데 첫째는 '괴로움의 성스러운 진리[苦聖諦]'입니다. 「초전법륜경」에서는 "태어남도 괴로움이다. 늙음도 괴로움이다. 병도 괴로움이다. 죽음도 괴로움이다. 근심·탄식·육체적 고통·정신적 고통·절망도 괴로움이다. 싫어하는 [대상]들과 만나는 것은 괴로움이다. 좋아하는 (대상)들과 헤어지는 것도 괴로움이다. 원하는 것을 얻지 못하는 것도 괴로움이다. 요컨대 취착의 (대상이 되는) 다섯 가지 무더기[五取蘊] 자체가 괴로움이다."라고 설시하고 있습니다.

다람쥐가 쳇바퀴를 돌듯이 윤회의 쳇바퀴를 돌고 도는 중생은 괴로움을 근본으로 삼고 있다는 의미입니다. 그러나 중생의 삶이 괴로움을 근본으로 삼고 있다는 '괴로움의 성스러운 진리'라는 첫 번째의 정의는 하나의 가설(假說)이라고 할 수밖에 없습니다.

왜냐하면 진리를 깨달은 성자의 입장에서는 생존이 곧 괴로움이라는 사실을 확연히 보기 때문에 그것이 가설이 될 수가 없지만, 범부에게는 우선은 사실로 받아들이기가 어렵기 때문입니다. 우리들 범부인 대다수 인간에게는 괴로움도 있긴 하지만 반면에 즐거움도 있다는 생각 속에 살아가기 때문입니다.

그래서 사람들은 자기의 존재에 집착하는 것입니다. 만약 삶에 즐거움이라는 것이 전혀 없다고 생각하면 아마 하루도 살 수 없을 것입니다. 우리들이 괴로움 속에서도 희망을 가지고 삶을 지탱하고 있는 것은 즐거움이라는 단맛이 주어지기 때문입니다. 사실 인간의 삶에 이러한 가설이 전제되지 않으면 종교는 물론 철학이나 수학 등도 성립될 수가 없습니다.

가령 수학의 예를 보겠습니다. $1 \times 1 = 1$, $1 \times 0 = 0$, $1 + 1 = 2$라는 거짓 약속을 전제로 해서 온갖 계산이 진행됩니다. 서양에서 들어온 천주교나 개신교는 원죄(原罪)라는 가설 위에 그 교리가 세워져 있습니다. 유일신교는 인간은 누구나 태어나면서부터 창조주에게 죄를 지었다는 사상 위에서 존립하고 있습니다. 하나님[여호와]이라는 신에게 죄를 지었기 때문에 그 죄의 사(赦)함을 받기 위해서 일주일에 한 번은 신을 예배·찬탄하고 공물(供物)을 바쳐야 하는 것입니다. 만약 자신은 창조주에게 죄를 짓지 않았다고 생각하는 사람이라면 그는 이미 유일신교의 신자가 될 수 없습니다. 참된 불자들이 기독교인이나 천주교인이 될 수 없는 것은 바로 그 원죄의 가설을 수긍할 수 없기 때문입니다.

문제는 다른 종교에서 세우고 있는 원죄와 같은 가설은 그 종교를 믿지 않는 사람은 수긍하고 믿기가 어렵지만, 부처님께서 세우고 있는 불교의 괴로움이라는 가설은 그것이 가설로서 끝나지 않고 누구나가 수긍할 수 있다는 사실입니다. 지금 현재는 조그마한 즐거움이 있을지도 모르지만 마침내 괴로움을 면할 수 없다는 전제이기 때문에 진리로서 우리 앞에 다가서는 것입니다.

예를 들어 그 어렵다는 대학에 입학한 후, 첫 미팅에서 좋은 상대를 만나 나날이 즐겁고 행복한 하루하루를 보내고 있는 젊은이에게 '인생은 괴로운 것'이라고 하면, 그는 필시 그렇지 않다고 항변할 것입니다. 그러나 그 젊은이가 아무리 현재 즐거움에 충만해 있다고 해도 마침내 늙고 병드는 등 인간의 근본적인 고통을 면할 수는 없습니다.

이렇게 고통은 누구를 막론하고 그의 삶에 필연적으로 뒤따르게 마련이고, 우리들은 이것을 받아들이지 않으면 안 되는 운명을 타고 났습니다. 심지어 '괴롭다' 혹은 '불행하다'는 말조차 모르는 어린아이들까지도 고통을 당하고 있고, 그들이 성장함에 따라 자연히 괴로움이라는 말을 알게 됩니다. 부처님께서는 모든 인간에게 필연적으로 따르게 마련인 이러한 고통을 여덟 가지로 분류하여 설명하고 있습니다. 그 괴로움의 종류와 의미에 관해서 하나씩 살펴보겠습니다.

첫째 '태어난다는 것은 괴로움이다[生苦].' 중생의 삶 전체가 아니라 태어나는 순간 자체가 괴로움이라는 것입니다. 달걀 껍질을 깨는 아픔이 없이는 병아리가 있을 수 없는 것처럼, 모든 사람의 출생에는 아기는 물론이고 여자로서는 가장 큰 고통이라는 어머니의 산고(産苦)가 있습니다. 하나의 제도나 시설이 새롭게 생김에도 기존의 형태를 깨는 괴로움이 수반되고, 새로운 종교의 탄생에는 기존의 종교를 부정하는 투쟁의 아픔이 있었습니다. 이처럼 모든 물질적·정신적 탄생에는 태어나는 순간의 괴로움이 있게 마련입니다.

둘째 '늙는다는 것은 괴로움이다[老苦].' 인간뿐만 아니라 태어난 모든 존재는 늙어가고 허물어집니다. 중국의 진시황(秦始皇)이 찾고자 했던 약이 불사초(不死草)가 아니라 불로초(不老草)였다는 것은 늙음의 괴로움을 단적으로 보여주는 것이라 여겨집니다.

셋째 '병드는 것은 괴로움이다[病苦].' 모든 존재는 허물어지고 늙어가는 과정에서 필연적으로 나타나는 현상이 병(病)이라는 괴로움입니다. 질병으로 고통을 겪어보지 않은 사람은 없습니다. 또한 사회현상에서 나타나는 변혁과정에서 나타나는 비리와 부조리라는 병은 많은 사람들을 아프게 합니다.

넷째 '죽는다는 것은 괴로움이다[死苦].' 아무도 죽어본 사람은 없습니다. 때문에 죽는 괴로움을 겪어본 사람은 없지만, 죽음이라는 것이 얼마나 큰 고통을 당사자와 주변사람들에게 주는지에 대해서는 모두가 공감합니다. 왜냐하면 죽음이라는 것은 찰나적인 죽음이 아니라 죽어서 없어지는 것이며, 생명기능이 끊어지기까지 혹독한 고통이 함께 오기 때문입니다. 인간의 생명에 한정된 것만은 아닙니다. 새로운 도덕률이나 윤리관은 기존의 그것이 죽어야만 생겨날 수 있습니다. 여기에서도 세대 간에 남녀 간에 많은 갈등의 괴로움이 생기는 일은 어쩔 수 없습니다.

다섯째 '싫어하는 대상들과 만나는 것은 괴로움이다[怨憎會苦].' 싫어하는 대상에는 크게 두 종류가 있습니다. 사람과 환경입니다. 싫은 사람, 미운 사람과의 조우(遭遇)도 괴롭기는 합니다만, 사회적으로 봉착하는 원증회고(怨憎會苦)도 사람의 경우와 다르지 않습니다. 인간은 사회적 동물입니다. 따라서 국가라는 사회 속에서 우리들이 봉착하는 주변의 여건과 환경 등에서 나타나는 비리와 부조리는 인간의 삶을 불쾌하게 하고 혹은 개인적인 삶 자체에 고통을 주고 있습니다.

여섯째 '좋아하는 대상들과 헤어지는 것도 괴로움이다[愛別離苦].' 이 괴로움 역시 사람과 사물로 나누어집니다. 물론 사랑하는 사람과의 이별이 가장 큰 괴로움이겠지만, 개인에 따라서는 애완동물이나 자신이 창업한 회사나 조직과의 이별이 더 큰 아픔으로

다가온다는 이들도 있습니다.

　일곱째 '원하는 것을 얻지 못하는 것도 괴로움이다[求不得苦].' 이 괴로움은 다른 모든 괴로움의 종류와 연결되어 있습니다. 죽지 않기를 원하고 좋아하는 대상들과 영원히 함께 있기를 원하지만 그것은 불가능합니다. 만약 원하는 것을 다 얻을 수 있는 세상에 태어나기를 원한다면 부처님 나라[佛國土]에 가는 길밖에 없습니다.

　여덟째 '취착의 대상이 되는 다섯 가지 무더기[五取蘊] 자체가 괴로움이다[五陰盛苦].' 인간이 타고난 몸뚱이와 정신을 가지고 있는 한 온갖 탐욕심은 끝나지 않습니다. 그리고 그런 욕심이 있는 한 괴로움은 계속될 수밖에 없습니다. 대부분의 사람들은 큰 병이 생겨서 아무리 괴로워도 살기를 원하고, 죽는 순간에도 재물과 이성에 대한 집착을 놓지 못합니다.

　지금까지 설명한 여덟 가지 괴로움 가운데 네 번째까지를 4고(四苦)라 하고 나머지 네 종류의 괴로움을 합해서 8고(八苦)라 부릅니다. 이러한 여러 가지 고통에 관해서는 누구나 수긍할 수 있는 것입니다. 어디 인간 존재 그 자체뿐이겠습니까. 하나의 문화나 사상 혹은 제도에도 시작과 끝이 있고, 그 속에서 인간은 괴로움을 감수해야 합니다. 농경사회에서 산업사회로 다시 최첨단 과학시대로 인류의 삶이 바뀌면서 얼마나 많은 사람들이 그 속에서 육체적으로 정신적으로 고통을 겪었겠습니까.

그런데도 대부분의 사람들은 이러한 사실에 눈뜨지 못하고 있습니다. 왜냐하면 사람들은 인생을 있는 그대로 인식하는 것이 아니라, 인생의 밝은 면에만 눈을 돌리고 불쾌한 면은 등한시하는 경향이 있기 때문입니다. 그래서 인생에 필연적으로 나타나는 고통을 수반하는 비참한 사실을 시야의 밖으로 돌려버립니다. 불쾌한 사실에 눈을 감고 그것을 지나치든가 그것들의 중요성을 경시하든가 혹은 그것들을 미화해 버리는 것입니다.

중년의 부인은 자신의 나이를 염두에 두는 것이 결코 즐겁지 않습니다. 인간은 시체를 보면 몸을 떨고 눈을 돌립니다. 일상의 대화에서도 인생의 비참한, 마음을 아프게 하는 측면을 가지고 나오면 어떤 사람은 그 자리를 피하려고 합니다. 언어생활에서도 고통을 연상하는 죽음·늙음·병 등에 대해서는 돌려서 표현을 합니다. 가령 사람들은 인간이 죽었을 때, '죽었다'고 하지 않고 '돌아가셨다. 영면에 들었다. 열반에 들었다'라고 말합니다.

그러나 아무리 사람들이 이 세상에는 무엇인가 행복이 존재한다는 신념을 강하게 고집하고 생존에 있어서의 고통의 보편성을 바로 자명한 사실로서 받아들이지 않는다 해도, 그것은 세상을 즐겁게 지낸다면 그뿐이라는 자기 합리화에 지나지 않습니다. 즉 사람은 어디에 있더라도 그리고 어떠한 것에 의해서도 괴로움으로부터 벗어날 수는 없습니다. 예를 들어 어떠한 사람도 늙고 죽음을 면할 수 없고, 죽음의 위험은 항상 다가오고 있습니다. 지금 그런

위험을 심각하게 느끼지 못한다 해도, 언젠가는 늙음과 병과 죽음 등이 닥쳐옵니다. 그리고 수명은 하루하루 줄어갑니다. 다만 정신적으로 성장함에 따라 서서히 이러한 고통이 온갖 것에 존재한다는 사실을 점점 강하게 인식하게 되고, 이 고통이라는 것이 인생의 근원적인 불행의 원인임을 발견하게 되는 것뿐입니다.

괴로움의 일어남의 성스러운 진리

네 가지 성스러운 진리 가운데 두 번째는 '괴로움의 일어남의 성스러운 진리[集聖諦]'입니다. 여기서 괴로움의 일어남을 한자로 '집(集)'이라고 하는 것은 여러 가지가 모이는 것에 의해서 새로운 존재가 생기고, 그에 따른 괴로움이 일어나기 때문입니다.

이 세상에 실재하고 있는 모든 것들은 단지 한 개의 원인에 의해서 만들어지지는 않습니다. 어떤 종교에서는 창조주가 유일한 원인이라고 말하기도 하지만 그런 일은 있을 수가 없습니다. 그것은 항아리가 생김은 항아리가 원인이 된다고 말할 수 없는 것과 같습니다. 즉 점토와 불과 물과 도공의 힘 등 여러 가지 원인이 합해져서 지금까지 없었던 항아리가 존재하게 됩니다. 불교에서는 이러한 원인을 인(因)과 연(緣)으로 나누어서 인을 직접적인 원인, 연을 간접적인 원인으로 표현하지만 여기서는 모든 인과 연이 합쳐짐을 집이라는 말로 표현하고 있습니다.

　사람의 삶을 돌이켜보면 모두가 이 법칙에 놓여 있는 것을 알게 됩니다. 가령 부모로부터 태어난 아이는 그 부모의 성질이나 모습을 닮고는 있지만, 그러나 부모의 어느 쪽과도 완전히 같지는 않습니다. 전혀 새로운 존재입니다. 그 아이는 창조주가 새롭게 창조한 것이 아니라, 부모라는 남녀가 어떤 방법으로 합쳐져서 존재하게 된 것입니다. 이처럼 두개 이상의 사물이 모이는 것에 의해서 그때까지 없었던 새로운 것이 나타나는 것입니다. 이것을 우리들은 '생(生)'이라고 부르는데, 그렇게 생을 받은 존재는 괴로움을 면할 수가 없습니다.

　이렇게 집이라는 말은 괴로움이 일어나는 원인을 의미하고 있는데, 「초전법륜경」에서는 "그것은 바로 갈애[愛]이니, 다시 태어남을 가져오고 즐김과 탐욕이 함께하며, 여기저기서 즐기는 것이다. 즉 감각적 욕망에 대한 갈애[欲愛], 존재에 대한 갈애[有愛], 존재하지 않음에 대한 갈애[無有愛]가 그것이다."라고 설시하고 있습니다.

　갈애에 관해서는 뒷 절의 '12지연기(十二支緣起)' 부분에서 다시 자세하게 살펴보겠습니다. 그러나 지금의 네 가지 성스러운 진리에서나 12지연기설은 세 종류의 갈애를 말하고 있지만, 근본이 되는 것은 '감각적 욕망에 대한 갈애'입니다. 인간으로 태어나게 하는 근본, 그래서 괴로움을 있게 하는 당체가 감각적 욕망에 대한 갈애, 즉 애욕(愛慾)을 갈구하는 마음이라는 것입니다.

이 애갈심(愛渴心)이 인간의 근본을 형성하고 있기 때문에 애욕을 갈구하는 마음에는 남녀노소의 구별이 있을 수 없습니다. 아무리 점잖은 남자라도 예쁜 여자가 지나가면 눈길을 주게 되고, 어떤 요조숙녀(窈窕淑女)라도 잘생긴 남자가 있으면 한 번 더 보게 됩니다. 또한 나이가 들어도 그 마음에는 변화가 없습니다. 마음은 나이를 먹지 않습니다. 단지 나이가 들고 수행을 쌓음에 의해서 체면을 차릴 줄 알게 되고, 성적으로 부도덕한 것을 절제할 수 있는 능력이 생길 따름입니다.

사람은 몇 살부터 노인이 될까요? 물론 노인이라고 할 수 있는 연령에 관하여 여러 이론이 있을 수 있습니다. 그러나 노인이라 불리는 적정 연령을 65세로 하든 70세로 하든 그것이 중요한 것이 아니라, 노인으로서 갖추어야 할 품격이 있어야 노인이라고 존경받을 수 있습니다. 노인의 품격 중 가장 중요한 것이 탐욕심, 그 가운데서도 애욕을 절제할 수 있는 점이라는 생각을 하게 하는 게 세상의 인심입니다.

모든 사람들의 생의 근본이 되어 있는 갈애는 '다시 태어나는 삶[再生]의 원인'이 됩니다. 인간의 몸으로 태어나든 다른 중생의 생명으로 오든 다시 태어나게 하는 결과를 낳습니다. 이 세계에서 죽어도 다른 새로운 생존을 구하게 되고, 다시 어느 곳에선가 태어나는 것입니다. 살아 있는 것들의 생명에 대한 집착에는 아무리 오래 살아도 만족하지 못합니다. 이 불만족성이야말로 대표적인 갈애입니다.

어디 인간뿐인가요. 여름날 밤에 방에 들어온 모기를 잡으려고 해 보면 자명해집니다. 아무리 잡으려고 해도 도망가기 때문에 잡기 힘듭니다. 그렇다고 모기가 살아서 무슨 큰 부귀영화를 누릴 것 같아 보이지는 않는데도 그 모기는 무조건 살려고 합니다. 아마 그 모기도 사람과 마찬가지로 또 다시 태어나기를 바랄 것입니다. 이러한 이유 때문에 갈애를 '재생의 원인'이라고 합니다. 이렇게 갈애에 의해서 인간은 생을 거듭하게 되고, 따라서 깨달음을 얻어 갈애를 끊지 않는 한 영원히 생존의 고통을 받지 않을 수 없게 되는 것입니다.

괴로움의 소멸의 성스러운 진리

네 가지 성스러운 진리 가운데 세 번째는 '괴로움의 소멸의 성스러운 진리[滅聖諦]입니다. 「초전법륜경」에서는 "갈애가 남김없이 빛바래어 소멸함, 버림, 놓아버림, 벗어남, 집착 없음이다."라고 설하고 있는데, 『청정도론』에서는 "갈애가 일어남이 소멸하기 때문에 괴로움이 소멸한다. 왜냐하면 일어남의 소멸을 통해서만이 괴로움이 소멸할 뿐 달리 방법이 없기 때문이다."라고 설명하고 있습니다. 부처님께서는 괴로움의 소멸을 설하시면서 일어남의 소멸을 가르치신 것입니다.

다시 말하면 괴로움의 소멸의 성스러운 진리란 모든 갈애가 완전히 없어진 상태를 말하는 것입니다. 앞에서 괴로움의 원인은 갈애라고 했는데, 이 갈애란 달리 표현하면 인간이 가지고 있는 모든 번뇌를 일으키는 근본입니다. 이제 괴로움의 소멸의 성스러운 진리를 통해서 모든 번뇌가 일으키는 괴로움이 소멸하고, 괴로움이라는 속박으로부터 해방된 자유로운 상태가 되는 것입니다.

그래서 『청정도론』에서는 "궁극적인 뜻에서 괴로움의 소멸의 성스러운 진리란 열반을 말한다. 이것을 얻고서 갈애가 빛바래고 소멸하기 때문에 빛바래어 소멸이라 한다. 그 열반을 얻고서 그 갈애를 버림 등이 있고, 감각적 욕망의 집착들 가운데 단 하나의 집착도 없기 때문에 버림, 놓아버림, 해탈, 집착 없음이라 한다."라고 설명하고 있습니다.

우리들은 보통 외부에 있는 사회적인 속박으로부터 벗어나는 것을 해방이라 말하지만, 불교에서 말하는 속박으로부터의 해방은 외부의 상태만을 말하지는 않습니다. 오히려 마음속에 있는 속박을 중요시합니다. 즉 우리들이 아무리 외형적인 외부의 속박에서 벗어나도 마음속에는 다른 속박을 가지고 있습니다. 다름 아닌 재물욕·성욕·식욕·명예욕·수면욕 등 가지가지의 욕망이나 분노·교만심·질투·가지가지의 견해 등이 그것입니다. 이러한 것들은 마음속에 있으면서도 자기의 마음대로 통제가 되지 않을 뿐만 아니라 오히려 자기를 지배하는 실질적인 주체가 되기가 쉽습니다.

가령 지나친 탐욕심을 가져서는 안 된다고 생각하면서도 남이 가진 좋은 물건을 보면 그것을 원하는 마음이 일어납니다. 화를 내서는 안 된다고 누차 다짐하지만 이것이 생각대로 되지 않습니다. 남을 시기하고 질투하는 것은 추잡한 짓이라고 누구나 공감하고 그것을 부끄럽게 생각하지만, 그러나 마음속에 질투나 시기심이 일어나 자기를 괴롭히는 일은 자주 생깁니다.

이렇게 우리들의 마음속에는 두 마음이 서로 대립하는 일이 자주 일어납니다. 이러한 번뇌가 마음속에 일어나서 자신을 속박합니다. 그 때문에 우리들의 생활에 외부적인 억압이 없더라도 마음속에 번뇌가 있는 한 참된 해방은 없는 것입니다. 이러한 마음속의 번뇌를 소멸할 때에 참된 자유와 평화가 있습니다.

이 모든 번뇌의 밑바닥에는 갈애가 있기 때문에 갈애를 멸(滅)하면 다른 번뇌도 따라서 멸하고, 마음에 참된 평안이 실현됩니다. 이것이 해탈이고 바로 열반의 자리입니다. 그리고 이 해탈은 번뇌의 소멸에 의해서 실현되기 때문에 한문으로 멸제(滅諦)라고 하는 것입니다. 그러나 '괴로움의 소멸' 혹은 '번뇌의 소멸'이라는 것은 말하기는 쉽지만, 이것을 실현하기란 그렇게 쉽지 않습니다.

예를 들어 술을 마신다든가 담배를 피우는 것에 의해서 생기는 여러 가지 신체적 폐단은 누구나가 알고 있고, 대다수는 담배를 끊고 술을 절제하겠다고 다짐을 합니다. 그러나 이것이 그렇게 쉽지 않습니다. 이것을 억제하기 위해서는 대단한 노력과 결의가 필요합니다. 여기에서 수행이 요구됩니다. 그렇다고 수행을 시작했다 해서 바로 번뇌가 없어지는 것은 아닙니다. 끊임없는 명상수행을 통해서 갈애의 뿌리를 제거해야 하는 것입니다.

괴로움의 소멸로 인도하는
도 닦음의 성스러운 진리

네 가지 성스러운 진리 가운데 네 번째는 '괴로움의 소멸로 인도하는 도 닦음의 성스러운 진리[道聖諦]'입니다. 앞에서 설명한 괴로움의 소멸의 성스러운 진리인 열반·해탈에 이르기 위해서는 괴로움을 일으키는 당체인 온갖 번뇌를 없애기 위한 실천적 지혜가 요구됩니다. 그것이 '괴로움의 소멸로 인도하는 도 닦음의 성스러운 진리'입니다. 그런데 여기에서 한가지 짚고 넘어갈 것이 있습니다.

필자는 지금까지 다른 저서나 글을 통하여 네 가지 성스러운 진리를 고찰할 때, 그 전거(典據)로 일본 불교계가 일본어로 번역한 『남전대장경』을 사용하였습니다. 그러나 『남전대장경』의 「상응부

(相應部」'여래소설(如來所說), 56.11'은 내용면으로 살펴볼 때는 『상윳따 니까야』「초전법륜경 S56:11」에 해당하고, 『상윳따 니까 야』 또한 지금 그대와 함께 살펴보고 있는 것처럼, 우리말로 번역 되어 있기 때문에 '괴로움의 소멸로 인도하는 도 닦음의 성스러운 진리'라는 어휘를 사용하고 있습니다.

「초전법륜경」에서는 '괴로움의 소멸로 인도하는 도 닦음의 성 스러운 진리[道聖諦]'를 "여덟 가지 구성요소를 가진 성스러운 도 [八支聖道]이니, 즉 바른 견해[正見], 바른 사유[正思惟], 바른 말 [正語], 바른 행위[正業], 바른 생계[正命], 바른 정진[正精進], 바 른 마음챙김[正念], 바른 삼매[正定]이다."라고 설하고 있습니다. 이하에서 『상윳따 니까야』「분석경, S45:8」 등을 통하여 각 항목의 개요를 살펴보고, 의미하는 바를 고찰해 보겠습니다.

바른 견해[正見, sammā-diṭṭhi]

바른 견해[正見]란 세상에서 벌어지는 삼라만상(森羅萬象)을 바 르게 본다는 말입니다. 그리고 이 말은 우리 중생들이 평소의 일상 생활에서 이 세상의 이치를 바르게 보지 못하고 있다는 것을 전제 (前提)로 하고 있습니다. 경에서는 "괴로움에 대한 지혜, 괴로움의 일어남에 대한 지혜, 괴로움의 소멸에 대한 지혜, 괴로움의 소멸로 인도하는 도 닦음의 지혜 – 이를 일러 바른 견해라 한다."라고 정의 하고 있습니다. 부처님께서 증득하고 「초전법륜경」에서 설한 '네 가지 성스러운 진리[四聖諦]'의 가르침을 믿고 따르는 지혜가 바른 견해[正見]라는 것입니다. 그러나 바른 견해는 '네 가지 성스러운 진리'의 지혜에만 국한되어 있지는 않습니다.

『상윳따 니까야』「깟짜나곳따경, S12:15」에서는 "바른 견해는 어떻게 해서 있게 됩니까?"라는 깟짜나곳따 존자의 질문에 부처님께서는 이렇게 대답하십니다.

> "깟짜야나여, 이 세상은 대부분 두 가지를 의지하고 있나니 그것은 있다[有]는 관념과 없다[無]는 관념이다.
>
> 깟짜야나여, 세상의 일어남[集]을 있는 그대로 바른 통찰지로 보는 자에게는 세상에 대해 없다[無]는 관념이 존재하지 않는다. 깟짜야나여, 세상의 소멸[滅]을 있는 그대로 바른 통찰지로 보는 자에게는 세상에 대해 있다[有]는 관념이 존재하지 않는다.
>
> 깟짜야나여, '모든 것은 있다'는 이것이 하나의 극단이고 '모든 것은 없다'는 이것이 두 번째 극단이다. 깟짜야나여, 이러한 양극단을 의지하지 않고 중(中)에 의해서 여래는 법을 설한다."

이렇게 「깟짜나곳따경」에서는 있음[有]과 없음[無]의 두 견해를 여읜 중도의 가르침이 바른 견해라고 말씀하고 계십니다.

또한 『맛지마 니까야』「올바른 견해의 경, M9」에서는 올바른 견해에 대한 수행승들의 질문에 싸리뿟따 존자는 ① 유익함[善]과

해로움[不善]을 꿰뚫어 앎, ② 네 가지 음식(자양분)과 사성제를 꿰뚫어 앎, ③ 12연기를 꿰뚫어 앎, ④ 자양분의 소멸에 이르는 길이야말로 여덟 가지 성스러운 길이니, 올바른 견해, 올바른 사유, 올바른 언어, 올바른 행위, 올바른 생활, 바른 정진, 올바른 새김, 올바른 정신 집중(전재성 역주『맛지마 니까야』제1권)이 바른 견해라고 설하고 있습니다.

즉『상윳따 니까야』「분석경」과『맛지마 니까야』「올바른 견해의 경」의 두 경전에서 설하는 것을 종합해보면 바른 견해란 불교적인 세계관·인생관으로서 '연기의 법칙'과 '네 가지 성스러운 진리의 이치'를 올바르게 보는 지혜임을 알 수 있습니다.

그런데 여기에서 간과해서는 안 될 것이 '본다[見]'는 사실의 중요성입니다. 어떤 사물이나 이치를 추상적으로 아는 것[知]이 아니라 구체적으로 명확하게 보는 것에 의해서 얻어진 지혜가 바른 견해라는 것입니다. 체득(體得)한 지혜라는 말입니다.

선문(禪門)에서 일상적으로 쓰는 말에 견성(見性)이라는 어휘가 있습니다. 화두 참구를 통해서 자신의 성품을 단순히 아는 것이 아니라 확연히 본다는 말입니다. 자신의 본래 성품이 불성(佛性)임을 보았기 때문에 어떠한 의심도 있을 수 없는 것입니다. 여기에 아는 것과 보는 것의 차이가 있습니다. 만약 우리들이 진실로 무상하고 고통인 현실세계와 깨달음의 세계인 연기법을 확연히 보았다고 하면 더 이상 다른 수행은 필요하지가 않을 것입니다.

그러나 한편으로는 체득을 위한 바른 견해가 요구됩니다. 만약 우리들이 이 체득을 위한 바른 견해가 없다면 체득의 지혜에 다가설 수 없을 것이고, 따라서 얻을 수도 없을 것입니다. 즉 바른 견해에는 두 가지 측면이 있습니다. 하나는 실현되어진 바른 견해이고, 다른 하나는 실현의 길에 들어서기 위한 출발점으로서의 바른 견해입니다. 이 출발점으로서의 바른 견해는 바른 믿음과 상통하는 것입니다. 초심자(初心者)가 체험적인 지혜는 갖추지 못했지만, 연기의 도리나 네 가지 성스러운 진리의 가르침을 올바른 것으로 생각하여 믿는 것입니다.

여기서 다시 정법(正法)과 사법(邪法)의 문제가 발생합니다. 불교의 가르침 중에서도 올바른 가르침과 삿된 가르침을 구별할 수 있는 안목을 갖추어야 합니다. 다시 말하면 정법(正法)에 의한 정견(正見)이어야 한다는 것입니다. 이 명제(命題)는 초기불교보다는 대승불교에서 특히 강조하는 부분입니다. 대승불교는 초기불교와는 다르게 정법에 대한 입장을 다음과 같은 세 가지로 견해를 밝히고 있습니다.

첫째는 자신뿐만 아니라 모든 사람의 본성(本性)이 불성(佛性)이며, 불성은 형상이 없다는 것입니다. 둘째는 일체의 지혜, 일체의 공덕이 밖에서 오는 것이 아니며, 일체가 자신의 본래성품이 지닌 공덕이고 일체가 형상이 없는 본무상(本無相) 가운데서 나타나는 빛이라는 것입니다. 셋째는 오직 본성·불성진리만 있고 그밖에는 없는 것이기 때문에, 근본적으로 모든 사람들이 뿌리에 들어 가면 그 진리 본성뿐이요, 대립된 자가 없다는 것입니다.

그러니까 대승불교에서 말하는 정법의 근거는 우리 모두는 공동체고 동일자며 동일 법성이고 동일자라고 아는 것이며, 이러한 입장에 선 견해가 정견에 속하는 것입니다. 그래서 동일자인 까닭에 서로 위해주고 섬기고 받들어 주고 자비로써 대하는 것이 올바른 진리입니다. 사실 불교의 수행은 여기에서 시작되는 것입니다.

바른 사유[正思惟, sammā-saṅkappa]

경에서는 "욕망에서 벗어남[出離]에 대한 사유, 악의 없음에 대한 사유, 해코지 않음[不害]에 대한 사유 – 이를 일러 바른 사유라 한다."라고 정의하고 있습니다.

바른 사유란 우리들이 세상과 남을 위해서 지녀야 할 올바른 생각이고, 사고를 바르게 작용시키는 것입니다. 위 (1)의 바른 견해가 전체에 대한 기본적·종합적 견해인 데 비해 이 바른 사유는 개개의 실천에 있어서 바른 결의입니다. 즉 실제 행동에 들어가기 전의 올바른 의사 작용입니다. 아무리 탁월한 지혜라 하더라도 그것을 삿된 방향으로 작용시키면 사회에도 해가 되고 자신도 망치게됩니다. 때문에 자신과 자신을 둘러싼 환경에 대하여 생각과 사고 방식을 바르게 가지는 것이 바른 사유의 핵심입니다.

그렇다면 우리들이 일상생활을 함에 있어서 어떻게 하는 것이 바른 사유일까요?

불교에서는 마음속에서 일어나는 탐욕[貪]과 성냄[瞋]과 어리석음[痴]의 세 가지 번뇌를 '삼독(三毒)'이라고 부릅니다. 이 세 가지가 사람을 해치고 병들게 함이 마치 독사나 독충과 같으므로 이렇게 부르는 것입니다.

왜 이 세 가지 마음이 생기는 것일까요? 탐심이 일어나는 것은 마음에 맞는 것을 보고 바르지 않은 생각을 갖기 때문이고, 성을 내는 것은 마음에 맞지 않는 것을 보고 바르지 않은 생각을 갖기 때문입니다. 또 어리석음은 지혜가 없어서 하여야 할 일과 하면 안 되는 일을 모르는 데서 일어나는 것입니다. 바로 이 세 가지 독의 해침으로부터 벗어나서 다시는 가까이하지 않겠다는 생각이 바른 사유입니다.

여기서는 이 세 가지 독이 타인과 자신을 괴롭히는 악의 근원임을 인식하여 버려야 할 것으로 생각하고 결의하는 것이 중요합니다. 이런 점에서 경에서 말하고 있는 '악의 없음에 대한 사유'와 '해코지 않음에 대한 사유'는 불자들이 5계(五戒)를 받아야 하는 당위성을 역설하고 있습니다. 즉 불법을 믿는 사람은 생명을 존중하고 죽이지 않으며, 남의 것을 훔치지 않고, 사음을 행하지 않으며, 거짓말을 하지 않고, 술을 마시지 않는 행위가 바른 사유의 실천인 것입니다. 잘못된 생각과 결의는 그릇된 행동으로 나타나지만, 올바른 생각과 결의는 좋은 행동으로 표출됩니다.

이와 같이 생각이나 결의에 탐욕과 성냄과 어리석음의 세 가지 독이 없을 때, 그 뒤에 생기는 행동은 바른 사유에서 비롯한 것이라고 할 수 있습니다.

바른 말[正語, sammā-vācā]

바른 말[正語]이란 바른 사유 다음에 일어나는 행동으로 언어생활을 바르게 하여 번뇌의 소멸로 향하는 행위입니다. 경에서는 "거짓말을 삼가고 중상모략을 삼가고 욕설을 삼가고 잡담을 삼가는 것 – 이를 일러 바른 말이라 한다."라고 정의하고 있습니다.

여기에서 주의해서 보아야 할 것은 언어생활에 있어서 5계에서 설하고 있는 '거짓말 하지 말라'라는 말 외에 중상모략 등이 있다는 사실입니다. 이에 대하여 주석서는 "거짓말을 금하는 것 등도 거짓말 등을 삼가는 것 등을 삼가는 인식들의 다양함 때문에 처음에는 여럿이지만 도의 순간에는 이 네 경우에 대해서 일어난 해롭고 나쁜 행실을 가진 의도의 다리를 잘라버리기 때문에 이들은 더 이상 일어나지 않게 된다. 이처럼 도의 구성요소를 완성할 때는 오직 하나의 유익한 절제가 일어난다. 이것을 '바른 말'이라 한다."라고 설명하고 있습니다.

그러나 대승불교에서는 바른 말의 종류를 네 가지로 구분하여 설하고 있습니다. 가령 『대품반야경』「멸쟁품 제31」에는 "반야바라밀을 행하는 선남자·선여인은 거짓말[妄語]·저주하는 말[惡

口]·이간질하는 말[兩舌]·꾸미는 말[綺語]을 떠나 진실을 말하고 찬탄하는 말을 한다."라고 설하고 있습니다. 즉 초기불교에서 설한 거짓말을 네 가지로 구분하고 각각에 대하여 금지하는 언어생활을 바른 말로 새롭게 정의를 내리고 있습니다. 이러한 대승불교의 말에 대한 정의는 인간의 삶에서 언어가 차지하는 중요성을 강조한 것이라고 할 수 있습니다.

인간은 다른 동물과 달리 서로 간의 의사소통을 몸짓이나 표정으로 하기보다는 말로써 합니다. 때문에 사람들 사이에서 벌어지는 대부분의 시비는 말에서 비롯되고 말에서 해결이 됩니다. 이것은 인구가 늘어나고 인간이 가지고 있는 이해관계가 충돌하는 일이 많아짐에 따른 자연적인 사회현상을 대승불교가 수용한 결과라고 생각합니다.

그런데 여기서 간과할 수 없는 것은 바른 말은 바른 사유의 표현이라는 점입니다. 때문에 남을 저주하는 마음이나 이간질하려는 마음, 꾸며서 해치려는 마음 등이 남아 있으면서 단지 언어로만 해침이나 분노가 없는 표현의 말이 있다고 한다면 그것은 바른 말이라고 할 수가 없는 것입니다. 그것은 여섯 바라밀[六波羅蜜]의 하나인 인욕(忍辱)을 실천하는 행위에 지나지 않습니다. 바른 사유의 표현인 바른 말은 참아서 견디는 것이 아니라 갈애 자체를 영원히 여읜 곳에서 나오는 언어입니다.

바른 행위[正業, sammā-kammanta]

바른 행위 역시 바른 사유 다음에 일어나는 것으로 신체적 행위를 바르게 하여 번뇌의 소멸로 향하는 작용입니다. 경에서는 "살생을 삼가고 도둑질을 삼가고 삿된 음행을 삼가는 것 – 이를 일러 바른 행위라 한다."라고 정의하고 있습니다. 일체 중생을 자비로 대하고 곤궁한 자에게는 보시하며 바른 성도덕을 지키는 것을 뜻합니다. 그런데 삿된 음행에 대해선 출가자인 비구·비구니의 경우와 재가자인 우바새·우바이의 경우는 다르게 해석한다는 것이 주석서의 설명입니다. 즉 비구·비구니의 경우에는 음행[성생활] 자체를 삼가는 것인 반면에 재가자의 경우에는 배우자 이외의 사람이나 어떤 존재와 음행하는 것을 삼가는 행위를 말하고 있습니다.

그러나 인간이 짓는 그릇된 외적 행위는 비단 살생이나 도둑질 그리고 삿된 음행에만 한정된 것이 아닙니다. 이 외에도 원한이나 질투·교만 등 여러 가지 번뇌가 다양한 외적 행위로 표출됩니다. 만약 이러한 번뇌들이 마음속에 있는 한, 바른 말과 마찬가지로 비록 살생 등을 하지 않는다 하더라도 올바른 행위가 아닙니다.

가령 농부가 경작하거나 소한테 먹이기 위해서 풀을 베는 것은 살생이 아니지만, 화가 나서 길가의 민들레를 짓밟아버리는 행동은 살생이 되는 것입니다. 마찬가지로 회사원이 분노가 치민다고 해서 쓸 수 있는 종이를 찢어버린다든가 전화기를 집어던져서 박살내는 행동은 살생하는 행위와 조금도 차이가 없습니다. 왜냐하면 번뇌가 있는 가운데의 살생을 삼가는 등의 외적 행위에는 번뇌의 소멸을 통한 열반을 기대할 수 없기 때문입니다.

바른 생계[正命, sammā-ājīva]

바른 생계란 올바른 경제적 생활로서 바른 견해를 의·식·주에 실현하고자 하는 것입니다. 경에서는 "삿된 생계를 제거하고 바른 생계로 생명을 영위한다. – 이를 일러 바른 생계라 한다."라고 정의하고 있습니다. 주석서에서는 '삿된 생계'란 먹고 살기 위한 몸과 말의 나쁜 행실을 가리키고, '바른 생계로 생명을 영위한다'라는 말은 부처님께서 칭송한 생계를 통해서 생명을 지속하고 유지한다는 것입니다. 즉 법답게 옷이나 음식·좌구·약 등의 생활용품을 구하는 것입니다. 이렇게 올바른 생계 수단 속에서 의식주를 해결할 때, 거기에서 번뇌의 소멸을 실현하는 이상이 생겨납니다.

무릇 생명을 지속하고 유지한다는 것은 모든 생명체가 갖추어야 할 필수적인 문제입니다. 따라서 인간의 경우에도 승속을 불문하고 바른 생계의 수단이 있어야 합니다. 출가수행자는 무소유와 걸식으로 삶을 영위해야 하므로 『대지도론』「제3권」에는 "하구식(下口食)·상구식(上口食)·방구식(方口食)·잡구식(雜口食)"의 네 가지 삿된 생활 법[四邪食]으로 삶을 영위해서는 안 된다고 다음과 같이 설명하고 있습니다.

첫 번째 하구식이란 입을 아래쪽으로 향하여 생활한다는 뜻으로, 논밭을 갈거나 약을 제조하여 생계를 꾸리는 것입니다. 두 번째 상구식이란 위쪽을 쳐다보면서 생활한다는 뜻으로, 별을 보고 점을 친다거나 우주에 관한 계산 따위로 생계를 꾸리는 것입니다. 세 번째 방구식이란 입을 사방으로 향하여 생활하는 것으로, 국왕의 사신으로 다른 나라를 왕래한다거나 결혼 중매 등으로 생계활동을 하는 일입니다. 네 번째 잡구식이란 네 간방(間方)을 향하여 생활한다는 뜻으로, 수상이나 관상 혹은 사주 등으로 길흉화복을 점치면서 생계를 유지하는 것입니다.

그러나 이 네 가지 삿된 생활법의 금지는 출가수행자에 한정된 것입니다. 따라서 재가불자는 나름대로의 올바른 생계수단 즉 직업이 있어야 하는데, 『앙굿따라 니까야』「장사경, A5:177」에서는 재가불자가 갖지 않아야 할 직업으로 무기장사, 사람장사[인신 매매업], 동물장사[도살업], 술장사, 독약 판매업을 들고 있습니다. 물론 이 외에도 바른 생계라고 할 수 없는 것이 여럿 있습니다. 가령 매음을 주선하는 일이나 마약판매 등은 불자뿐만 아니라 모든 사람이 해서는 안 될 삿된 생계가 될 것입니다.

바른 정진[正精進, sammā-vāyāma]

바른 정진[正精進]이란 번뇌를 소멸시키기 위하여 노력하고 애쓰고 힘쓰는 것입니다. 즉 바른 견해를 실현시키고자 부지런히 노력하고 힘쓰는 것이 바른 정진입니다. 때문에 정진은 일상생활에서의 노력과 같이 번뇌 속에서 물질이나 명예 등 현상적인 가치를 추구하는 노력이 아니라 깨달음을 향하여 작용하고 마침내는 거기에 도달하고자 하는 행동입니다. 따라서 가령 어떤 사람이 가족을 부양하기 위해서 직장생활을 부지런히 한다든가 혹은 건강을 위해서 운동이나 등산을 부지런히 하는 것 등은 참된 의미의 바른 정진이 될 수 없습니다.

그래서 경에서는 "아직 일어나지 않은 사악하고 해로운 법[不善法]들을 일어나지 못하게 하기 위해서 열의를 생기게 하고 정진하고 힘을 내고 마음을 다잡고 애를 쓴다. 이미 일어난 사악하고 해로운 법들을 제거하기 위하여 열의를 생기게 하고 정진하고 힘을 내고 마음을 다잡고 애를 쓴다. 아직 일어나지 않은 유익한 법[善法]들을 일어나게 하기 위해서 열의를 생기게 하고 정진하고 힘을 내고 마음을 다잡고 애를 쓴다. 이미 일어난 유익한 법들을 지속시키고 사라지지 않게 하고 증장시키고 충만하게 하고 닦아서 성취하기 위해서 열의를 생기게 하고 정진하고 힘을 내고 마음을 다잡고 애를 쓴다. 이를 일러 바른 정진이라 한다."라고 정의하고 있습니다.

바른 정진의 의미에 관한 「분석경」의 정의에 대하여 주석서는 자세하게 설명하고 있는데, 특별히 눈길을 끄는 것이 '애를 쓴다'라는 말이라는 생각이 듭니다. 주석서는 "'애를 쓴다.'는 것은 '피부와 힘줄과 뼈만 남은들 무슨 상관이랴'라고 생각하면서 노력하는 것이다."라고 설명하고 있기 때문입니다. 또한 경의 설명은 '깨달음을 위한 서른일곱 가지 덕목[三十七助道品]'의 한 항목인 '네 가지 바른 노력[四正勤]'과 같은 내용입니다만, 표현방법은 조금 달리하고 있습니다. 『상윳따 니까야』「동쪽으로 흐름경, S49:1」에서 아래와 같이 설시하고 있습니다.

"비구들이여, 네 가지 바른 노력[四正勤]이 있다. 무엇이 넷인가? 비구들이여, 비구는 ① 아직 일어나지 않은 사악하고 해로운 법[不善法]들을 일어나지 못하게 하기 위해서 열의를 생기게 하고 정진하고 힘을 내고 마음을 다잡고 애를 쓴다. ② 이미 일어난 사악하고 해로운 법들을 제거하기 위하여 열의를 생기게 하고 정진하고 힘을 내고 마음을 다잡고 애를 쓴다. ③ 아직 일어나지 않은 유익한 법[善法]들을 일어나게 하기 위해서 열의를 생기게 하고 정진하고 힘을 내고 마음을 다잡고 애를 쓴다. ④ 이미 일어난 유익한 법들을 지속시키고 사라지지 않게 하고 증장시키고 충만하게 하고 닦아서 성취하기 위해서 열의를 생기게 하고 정진하고 힘을 내고 마음을 다잡고 애를 쓴다."

정정진(正精進)의 한글번역은 지금까지 '올바른 노력'이 일반적이었습니다. 여기서 노납이 '바른 정진'이라고 번역한 이유는 '정진'이라는 말과 '노력'이라는 말의 의미상의 차이 때문입니다. 즉 우리 주변에는 나름대로 열심히 노력하는 사람들이 많지만, 그들이 모두 '여덟 가지 바른 깨달음에 이르는 길'에서 설하는 '바른 정진'을 한다고 할 수는 없기 때문입니다. 여기서 대승불교에서 말하고 있는 '정진바라밀'이 생기게 됩니다.

『대품반야경』「문승품 제18」에는 "보살마하살은 일체지에 합치하는 마음으로써 다섯 가지 바라밀[五波羅蜜]을 행하여 정성스럽게 닦아서 쉬지 않으며, 또한 일체 중생들을 다섯 가지 바라밀에 편안히 세우니, 얻을 것이 없음인 까닭이다. 이것을 보살마하살의 정진바라밀이라고 한다."라고 설하고 있습니다.

또한 『대지도론』「제16권」에는 "정진이 비록 마음의 작용[心數法]이지만, 몸의 힘으로부터 나오기 때문에 몸의 정진[身精進]이라 한다."라고 설명하고 있습니다. 가령 몸의 힘으로 부지런히 닦되 손으로 보시를 하거나 입으로 경을 외우고 법을 강설하는 등은 몸과 입의 정진이라 할 수 있음과 같다는 것입니다. 이렇게 보면 정진은 몸의 정진과 마음의 정진[心精進]으로 나누어서 생각할 수 있습니다.

그래서 깨달음을 위해서 '피부와 힘줄과 뼈만 남은들 무슨 상관이랴'라고 생각하면서 노력하는 것은 단순한 노력이 아니라 심정진이고 '여덟 가지 바른 깨달음에 이르는 길'에서 말하는 바른 정진이지만, 일반인의 입장에서의 바른 노력은 게으름의 반대개념이 되고, 일상적인 생활에서 일신의 안락이나 세속적인 이익을 위해서 매사에 최선을 다하여 힘쓰고 노력하는 것은 몸의 정진인 바른 노력에 지나지 않는다고 할 수 있을 것입니다. 그러나 수행자에게 있어서는 매사가 정진이 되어야 하는 것입니다.

바른 마음챙김[正念, sammā-sati]

경에서는 "여기 비구는 몸에서 몸을 관찰하며[身隨觀] 머문다. 세상에 대한 욕심과 싫어하는 마음을 버리면서 근면하게, 분명하게 알아차리고 마음챙기면서 머문다. 느낌에서 … 마음에서 … 법에서 법을 관찰하며[法隨觀] 머문다. 세상에 대한 욕심과 싫어하는 마음을 버리면서 근면하게, 분명하게 알아차리고 마음챙기면서 머문다. 이를 일러 바른 '마음챙김'이라 한다."라고 정의하고 있습니다.

경의 설명은 앞의 '바른 정진'에서 설명한 '깨달음을 위한 서른일곱 가지 덕목'의 한 항목인 '네 가지 마음챙김의 확립[四念處]'과 닮아 있는데, 네 가지 마음챙김의 확립이란 자신이라는 존재를 어떻게 볼 것인가에 관한 부처님의 말씀입니다.

부처님께서는 나라는 존재를 먼저 몸뚱이[身], 느낌[受], 마음[心], 일체 법[法]들로 분리하여 그 중의 하나하나를 주의 깊게 관찰하여 놓치지 말고 통찰하라고 가르치고 계십니다. 사람들은 눈으로 보고 감각으로 경계를 대하기 때문에 내가 있고 경계가 있으며, 이 경계를 눈과 코와 귀와 같은 인식기관의 감각을 통해 접촉을 합니다. 여기서부터 견해를 일으키고 이런저런 생각들을 일으켜서 그것에 집착해서 그릇된 사고(思考)를 가지게 되고 여러 가지 고통을 당하기 때문입니다.

그래서 부처님께서는 이러한 중생들의 네 가지로 전도(顚倒)되어 있는 견해를 깨뜨려서 우리들에게 안락을 주기 위해서 아래와 같이 네 가지 마음챙김의 확립을 설하십니다.

첫째는 몸은 깨끗하지 못한 것임을 관하는 것[觀身不淨]입니다. 우리가 이 세상에서 가장 먼저 느끼는 대상은 몸입니다. 몸으로 말하면 이 세상에서 제일 귀한 것입니다. 이 육체는 무엇과도 바꿀 수 없는 정말 귀한 것이어서 돈을 아무리 많이 준다고 해도 손가락 하나 내놓을 사람이 없습니다. 누구나 몸을 그렇게 귀하게 생각하고 몸은 무엇보다도 깨끗한 것이라고 알고 있지만, 이 육체인 겉껍데기는 닦고 닦아도 냄새나는 것이라는 말입니다. 그렇기 때문에 부처님께서는 이 육체를 보고, "육체는 그렇게 깨끗하고 귀한 것이 못 된다. 그러므로 육체에 매인 생각을 버리고 몸뚱이는 깨끗하지 않음을 통찰하라."라고 설하십니다.

둘째는 감각적인 느낌은 모두 괴로움을 가져온다고 관하는 것[觀受是苦]입니다. 감각으로 느끼는 것은 즐겁고 좋은 것 같아도 모두가 괴로움을 가져온다고 관찰하라는 것입니다. 왜 느낌이 괴로움이 되는 것일까요? 우리가 보고 느끼고 받아들이는 이 세계, 즉 혀에 달콤하고, 손에는 부드럽고, 눈에는 아름답고, 귀로는 즐거운 이 감각이라는 현상들은 우리가 일단 그것들을 취하면 그렇게 즐겁고 고운 것이 못 된다는 것입니다. 거기에 빠져 있을 때, 감각으로 빠져들어 갈 때, 그것은 바로 고통을 가지고 온다는 것입니다. 그러므로 육체에 감각적 느낌에 매인 생각을 버리고 느낌은 괴로움을 가져온다고 통찰하라고 합니다.

셋째는 마음은 덧없는 것[無常]임을 관하는 것[觀心無常]입니다. 마음을 두고 맹세한다고 하지만 우리가 쓰고 있는 마음, 우리가 알고 있는 마음은 항상 흔들리고 있으며 잠시도 머물지 않고 흘러간다는 말입니다. 이렇게 말씀드리면 혹자는 『화엄경』의 "일체 모든 것은 마음이 만들고[一切唯心造], 일체 모든 것은 마음이 나타난 것[一切唯心所顯]이다."라는 언구를 생각하면서 '마음은 무상한 것이 아니다'라고 반론을 제기할지도 모르겠습니다. 그러나 마음에는 참 마음과 거짓 마음의 둘이 있습니다.

이 말은 『능엄경』에서 "마음에 두 가지가 있으니, 첫째는 모든 중생들이 경계에 끌어당기는 반연심(攀緣心)을 가지고 각자의 자심으로 잘못 여기는 것이고, 둘째는 처음이 없는 보리열반의 원래 청정한 바탕인 마음이다."라고 설하고 있는 것에서도 확인할 수 있습니다.

"꽃이 피고 새가 울고 물이 흘러간다." 이것을 보고 느끼고 아는 마음은 참 마음이 아닙니다. 경계를 보고 일어나는 마음은 경계를 이해하는 마음이지 참 마음은 아닙니다. 분별하는 마음은 경계를 따라 일어나는 마음이라는 뜻입니다. 욕심에서 일어난 자기표현입니다. 그러므로 우리들이 알고 있는 마음은 덧없는 것이라고 통찰하라는 것입니다.

네 번째는 일체 법(法)들은 본래 실체가 없음[無我]을 관하는 것[觀法無我]입니다. 여기서 말하고 있는 '일체 법'은 일체 현상, 삼라만상, 일체 세계를 가리킵니다. 모든 감각의 대상이 될 수 있는 일체 세계, 일체 현상 그 모두가 법의 개념에 포함됩니다. 그런데 그 법은 무아(無我) 즉 실체가 없다는 말입니다.

지금의 현대물리학이 그것을 해명해 주고 있습니다만, 어떤 현상도 고정된 것은 없습니다. 현상이란 몇 가지 요소들이 결합해서 이루어진 것이고 끊임없이 변하는 과정이지, 한 물건도 고정적이거나 절대적인 것은 없습니다. 때문에 인간들이 보는 것은 껍데기 현상일 뿐 전부가 고통을 가져오니 거기에 빠지지 말고 본래 실체가 없는 것이라고 통찰하라는 것입니다.

여기서 노납은 이 책을 읽고 있는 그대와 전국의 불자들에게 매우 죄송스러운 고백을 하지 않을 수 없습니다. 지금 저는 '여덟 가지 바른 깨달음에 이르는 길[八正道]'의 일곱 번째인 '정념(正念)'을 '바른 마음챙김'이라고 번역하여 설명하고 있습니다만, 불과 몇 년 전까지만 해도 필자는 정념을 '올바른 주의력' 혹은 '올바른 기억'으로 번역하여 강의도 하고 글도 썼습니다.

아마 저 혼자만 그렇게 한 게 아닐 수도 있습니다. 왜냐하면 우리나라의 현대불교학은 일제강점기에 일본에서 불교를 공부한 학자들에 의해서 걸음마를 시작했는데, 일본의 불교학자들이 연구한 불교어(佛敎語)를 그대로 번역해서 강의하고 저술도 했기 때문입니다. 물론 여기에는 우리나라 불교계 자체가 안고 있었던 학문을 등한시하는 풍토도 간과할 수 없을 것입니다.

이러한 불교학계 내외의 환경 속에서 한글 1세대인 필자는 아무런 의심 없이 선학(先學)들의 가르침을 받아들였고, 그 결과로 나타난 대표적인 오류가 '정념'을 '올바른 주의력'으로 번역한 것입니다. 그러나 다행스러운 것은 근년에 들어 승속을 불문하고 불교 학자들이 동남아불교를 지탱하고 있는 각종 『니까야』를 공부하고 번역하여 대승불교가 2000년 이상 놓치고 있었던 초기불교의 중요한 개념들을 새롭게 정립하고 있다는 점입니다. 그리고 그 가운데 하나가 정념(正念, sammā-sati)의 염(念, Sk; smṛti)을 '마음챙김(mindfulness)'이라는 술어로 번역하여 우리나라 불교가 지금까지 범하고 있었던 오류를 바로 잡아가고 있습니다.

노납은 10여 년 전 각묵 스님의 『금강경 역해』에서 "스므리띠(smṛti)의 기본의미는 '기억'이지만 불교 특히 초기불교에서는 전혀 기억이라는 의미로는 쓰여지지 않는다. 중국에서는 염(念)으로 옮기고 있고, 후대로 내려오면서 가장 오해하고 있는 술어가 되었으며 아예 대승불교에서는 그 중요한 의미가 잊혀졌다고 해도 과언이 아니다. 요즈음 국내에서는 마음챙김으로 정착되고 있다.

대승불교에서는 초기불교 술어들을 이해할 때 가장 잘못 이해하거나 소홀히 다룬 술어가 바로 이 사띠(sati, Sk; smṛti)라 하겠다. 이 중요한 술어를 단순히 '기억'이나 '생각' 정도로 이해한 것 같다. 그래서 초기불교 수행에서 가장 중요하거나 아니 불교 수행의 전부라고 해도 과언이 아닐 이 용어를 오해 내지는 쉽게, 아니면 간단하게 취급해 버린 것 같다. 그래서 팔정도의 핵심이라 할 수 있는 정념(正念, 바른 마음챙김, sammā-sati)이 대승불교의 실천도인 육바라밀에서는 상실되어 버리고 대승불교 어느 곳에서도 정념은 강조되지 않는다. 현대의 일본 학자를 비롯하여 대부분의 학자들도 정념을 '바른 기억' 정도로 번역하고 넘어가 버린다.

북방에서 이 사띠를 잊어버렸다면 남방은 어떠한가? 역자의 견해로는 남방도 마찬가지라고 본다. 남방에서도 위빠사나(vipassana)라는 테크닉을 지나치게 강조하여서 위빠사나가 다름 아닌 이 사띠라고 역설하다 보니 정작 이 사띠를 잊어버렸다고 본다. 북방에서는 화두라는 테크닉, 남방에서는 위빠사나라는 테크닉을 중시한 테크니션들이 테크닉을 넘어서 근본 수행법으로 이 사띠의 의미를 바로 이해하고 테크닉으로서가 아닌 도(道) – 저 팔정도로 수행을 파악할 때 근본불교의 수행은 전개된다고 생각한다."라는 글을 읽으면서 큰 충격을 받은 적이 있습니다.

여하튼 정념은 우리말로는 '바른 마음챙김'이고, 바른 마음챙김이란 '네 가지 마음챙김의 확립[四念處]'에서 살펴본 것처럼, 나라는 존재를 먼저 몸뚱이·느낌·마음·일체 법들로 분리하여 그 중의 하나에 집중한 뒤, 그것을 더럽고 괴로움이고 무상하고 실체가 없음을 통찰하는 것입니다.

그런데도 중생들은 무언가 불변(不變)하는 참 나를 거머쥐려 합니다. 이것이 생사윤회의 가장 큰 동력인입니다. 무엇보다도 나라는 존재를 분리해서 관찰하지 못하면 진아(眞我)니 자아(自我)니 마음이니 하면서 무언가 실체를 세워서 이러한 것과 합일되는 경지쯤으로 깨달음을 이해하게 되고 이러한 것을 불교의 궁극으로 오해하는 어처구니없는 일이 생기게 됩니다.

대승불교 특히 반야불교에서 말하는 수행은 자아를 찾는 것이 아니라, 자아라는 것은 텅 빈 공(空)임을 적면(覿面)에서 보기 위한 정진입니다. 때문에 진아니 자아니 하는 것은 본래 있는 것도 아니고 없는 것도 아닌 공을 깨닫는 것이 수행이고 정진입니다.

그러나 바른 마음챙김 역시 수행자의 전유물은 아닐 것입니다. 일반 사회인이 지녀야 할 덕목으로 생각할 수 있기 때문입니다. 이 때는 바른 마음챙김보다는 '올바른 주의력'이라고 번역하는 것이 좋을 것 같습니다. 이 주의력에는 두 가지 경우가 있습니다. 하나는 경험을 기억에 묶어두는 것이고, 다른 하나는 기억하고 있는 것을 다시 생각해 내는 것입니다.

사람들은 살아가면서 많은 잘못을 저지르는 일이 생깁니다. 그리고 그 잘못된 행동이나 말은 반복되는 일이 많습니다. 지난날 자신의 경험을 기억해 두지 않았기 때문에 꺼내서 유용하게 쓸 수가 없게 됩니다. 이처럼 인간의 삶에서 대부분 주의력이 부족할 때 사고가 생기고 실패하기 쉽습니다. 어떠한 일을 할 경우에도 과거의 일을 기억하고 필요한 사항을 항상 다시 생각해 내어 대처할 때 비로소 성취가 있습니다.

바른 삼매[正定, sammā-samādhi]

불교에서 수행을 한다는 것은 궁극적으로 깨달음을 얻어서 부처가 되는 데 있음은 재론의 여지가 없을 것입니다. 그리고 이 성불(成佛)의 길에는 초기불교든 대승불교든 빨리어 사마타(śamatha)와 위빠사나(vipaśynā)를 통해서 반드시 삼매(三昧, samādhi)를 얻어야 한다는 것이 수습(修習)의 순서입니다. 다만 대승불교에서는 용어를 지관(止觀) 혹은 정혜(定慧)라고 한역(漢譯)하여 부르고 있을 뿐입니다. 때문에 사마타라는 형식은 마음을 하나의 대상에 고정시키고 고요하게 하는 삼매를 얻는 수행이라고 할 수 있습니다. 그렇다면 삼매란 구체적으로 무엇일까요?

삼매는 산스끄리뜨어 samādhi의 음역(音譯)으로 등지(等持), 정(定), 정정(正定)으로 번역합니다. 등지라는 역어에서의 등(等)은 의식(마음)이 들뜨거나 흥분되는 상태에 빠지는 것[掉擧]이나 의식이 가라앉으면서 몽롱하게 졸리는 상태에 떨어지는 것[惛沈]을 여읨으로 심신이 편안한 것이며, 지(止)는 마음을 하나의 대상에 머무르게 한다는 뜻입니다. 따라서 삼매란 마음이 하나의 대상에 집중해서 산란하지 않고 평온한 상태에 놓여 진 의식경계라고 할 수 있습니다.

노납은 '여덟 가지 구성요소를 가진 성스러운 도'의 여덟 번째인 '정정(正定)' 역시 몇 년 전까지만 해도 '올바른 정신통일'이라고 번역하였고, 혹자는 '바른 선정'이라고 번역한 것을 읽은 적이 있습니다. 그렇지만 이제는 우리 불자들의 불교 어휘의 이해 정도가 초기불교에서 표현했던 '삼매'라는 말을 받아들임에 어려움이 없다는 생각이 듭니다. 따라서 여기서는 - 아니, 지금부터는 - 「분석경」의 법문에 따라서 '바른 삼매'로 번역하여 살펴보겠습니다. 경에서는 다음과 같이 설하고 있습니다.

"비구들이여, 여기 비구는 감각적 욕망들을 완전히 떨쳐버리고 해로운 법들을 떨쳐버린 뒤, 일으킨 생각[尋]과 지속적인 고찰[伺]이 있고, 떨쳐버렸음에서 생긴 희열[喜]과 행복[樂]이 있는 초선(初禪)에 들어 머문다.

일으킨 생각과 지속적인 고찰을 가라앉혔기 때문에 [더 이상 존재하지 않으며], 자기 내면의 것이고, 확신이 있으며, 마음의 단일한 상태이고, 일으킨 생각과 지속적인 고찰은 없고, 삼매에서 생긴 희열과 행복이 있는 제2선(二禪)에 들어 머문다.

희열이 빛바랬기 때문에 평온하게 머물고, 마음챙기고 알아차리며 몸으로 행복을 경험한다. 이 [禪 때문에] '평온하고 마음챙기며 행복하게 머문다.'고 성자들이 묘사하는 제3선[三禪]에 들어 머문다.

행복도 버리고 괴로움도 버리고, 아울러 그 이전에 이미 기쁨과 슬픔이 소멸되었으므로 괴롭지도 즐겁지도 않으며, 평온으로 인해 마음챙김이 청정한[捨念清淨] 제4선[四禪]에 들어 머문다.

비구들이여, 이를 일러 바른 삼매라 한다."

– 각묵 옮김, 『상윳따 니까야』 제5권

경에 의거하여 말하면 바른 삼매[正定]는 초선과 제2선과 제3선과 제4선에 들어 머무는 것입니다. 이러한 바른 삼매에 놓여 있는 상태를 다른 말로는 선(禪, dhyana)의 경지에 들었다고 합니다. 경에서는 이러한 삼매에 들었을 때 '희열[심리적인 기쁨]과 행복[생리적인 기쁨]' 그리고 '괴롭지도 즐겁지도 않은 평온'의 경지가 선(禪)의 네 가지 단계별로 차츰차츰 상승되어 나타난다고 설하고 있습니다. 그러나 이 삼매 혹은 선의 경지에 들기 위해서는 감각적 욕망이나 악의(惡意) 등을 제거해야 한다고 설명하고 있는데, 가령 『대지도론』 「제17권」에는 "방편 상 '다섯 가지 일[五事]'을 물리치고 다섯 가지 법[五法]'을 제하며 다섯 가지 행[五行]'을 행하여 선정바라밀을 얻는다."라고 설하고 있습니다.

논에서 말하는 '다섯 가지 일'이란 다섯 가지 욕망[五欲], 즉 물질적 존재에 대한 욕망·소리에 대한 욕망·냄새에 대한 욕망·맛에 대한 욕망·촉각에 대한 욕망을 말합니다. '다섯 가지 법'이란 다섯 가지 장애[五蓋], 즉 탐욕·성냄·수면·도회[掉悔; 마음이 어지럽고 들뜨거나 거꾸로 근심이나 걱정하여 후회하는 것]·의심을 말합니다. '다섯 가지 행'이란 의욕[欲]·정진·삼매[念]·교묘한 지혜[巧慧]·일심(一心)을 말합니다.

이렇게 모든 욕망을 물리치고 장애들을 극복하여 삼매 등을 행할 때에 마음의 행복과 고요와 평화가 가득한 경지가 순차적으로 열리게 되는 것이 네 가지 선[四禪]이고, 이를 바른 삼매라고 합니다. 그리고 삶에서 절대적인 자유를 실현하는 최고의 경지인 열반은 이 자리에서 이루어지는 것입니다.

그러나 바른 삼매에 드는 방법을 선가(禪家)에서 말하는 좌선만을 의식할 필요는 없습니다. 마음에서 일어나는 모든 어지러운 마음을 쉬게 할 수 있다면 좌선 외에도 염불이나 주력 혹은 간경이나 기도를 통해서도 바른 삼매에 드는 것은 가능합니다. 다만 그 방법이 올바른 것이어야 한다는 말입니다.

여기서 말하는 올바른 방법의 첫째는 치구심(馳求心)이 떨어져야 합니다. 치구심이란 무엇인가 되어야지, 얻어야지, 성취해야지 하는 생각을 말하는데, 그 생각부터 쉬어야 한다는 것입니다. 기도를 하든 참선을 하든 구하는 것 없이 정진해야 합니다. 화두를 간하든 관세음보살을 염하든 무엇이든지 오직 일심으로 할 뿐이지 다른 생각들은 갖지 말아야 합니다. 다른 생각들은 모두가 망념이기 때문입니다. 그때 우리들은 비로소 밥 먹을 때 밥 먹고, 일할 때 일할 수 있게 됩니다.

상의성 相依性 · 緣起 의 세계

연기법과 반야바라밀

싯다르타 고따마가 깨달음을 얻어서 붓다[부처님]가 되신 것은 인도의 역사가 증언하고 있으며, 노납도 이 책을 통하여 이 점을 분명히 하면서 여기까지 왔습니다. 그렇지만 기이하게도 고따마 붓다가 증득한 깨달은 내용, 즉 싯다르타 고따마로 하여금 고따마 붓다가 되게 한 '정각(正覺)의 내용'에 관해서는 불교를 연구하는 학자들이 분명한 대답을 도출(導出)하지 못하고 있는 실정입니다. – 물론 필자의 과문의 탓이라고 생각합니다. – 그리고 이 문제는 대승불교와 상좌부불교 간의 상위(相違)뿐만 아니라, 『니까야』를 비교적 일찍 접한 서구의 불교학자들 간에서도 의견의 일치를 보지 못하고 있습니다.

물론 우리나라의 경우에도 예외는 아닙니다. 간화선 위주의 수행풍토 속에서 불교학이 오히려 홀대받고 푸대접 당하고 있는 가운데 20여 년 전부터는 동남아불교의 위빠사나 수행이 유행하면서 깨달음의 정의에 대해서까지 혼란을 가중시키고 있습니다. 노납 역시 고따마 붓다의 '깨달은 내용[無上正等正覺]'이 무엇인가를 찾기 위해서 나름대로 고심을 했지만, 아직도 100% 확신이 되는 내용을 발견하지 못했습니다. 다행히 이 책을 쓰기 위하여 연구하는 가운데 '연기(緣起)와 공(空)'이 바로 고따마 붓다의 '정각(正覺)의 내용'임을 확신하게 되었습니다.

물론 고따마 붓다가 입멸한 지 2600여 년이 흘렀고, 그 사이에 불교는 인도나 아시아 대륙을 넘어 세계적인 문명종교로 자리매김을 하고 있는데도 불구하고 가장 본질적인 문제라고 여겨지는 '깨달음의 내용'에 의견이 분분하다는 사실은 그 원인을 여러 곳에서 찾을 수 있다고 생각합니다.

첫째는 유일신을 믿는 다른 종교와는 달리 불교는 상좌부불교와 대승불교라는 두 버팀목의 사상이 너무나 현격한 차이를 보이고 있어서 옳고 그름을 판가름하기가 어렵다는 것입니다. 여기에는 일반적인 종교사상에서는 당연시되는 이단(異端)의 문제가 불교에는 없다는 것이 큰 영향을 미쳤다고 여겨집니다.

다음으로 생각할 수 있는 것이 불교사상의 다양성입니다. 어쩌면 사상의 다양성이라는 것이 좋게 생각하면 이단이라는 문제를 일으키지 않는 장점이 될 수도 있지만, 역으로 생각하면 부처님의 가르침을 왜곡(歪曲)시킬 수도 있습니다.

『금강경』에는 "온갖 법이 모두 불법이다[一切法 皆是佛法]."라는 말이 있습니다. 때문에 8만 4천 법문이라는 방대한 가르침 가운데 어느 하나를 택하여 "이것이 불법의 핵심이다."라고 정한다는 것이 너무나 어려운 일이 될 수 있을 것입니다.

그러나 그럼에도 불구하고 고따마 붓다의 깨달음의 내용에 관하여 제기된 의론에 대해서 시비(是非)를 가리고 문제점을 드러내어 깨달음의 내용을 규명하고, 규명된 깨달음의 내용에 가장 적합한 수행법으로 수행하는 것이 옳다고 노납은 생각합니다. 왜냐하면 진리에 둘이 있을 수 없듯이, 고따마 붓다의 깨달음의 내용에 두 가지 혹은 여러 가지가 있을 수 없기 때문입니다.

그렇다고 해서 불교학계에 '고따마 붓다의 깨달음의 내용'에 대하여 논란이 전혀 없었던 것은 결코 아닙니다. 단지 학자들 간의 이견(異見)만 제기된 채로 여태까지 지내왔고, 깨달음이라는 것이 객관적 · 과학적으로 증명할 수 있는 성질의 사실이 아니기 때문에 상대방의 주장을 반박할 수가 없었던 것입니다.

그러나 불교학계에서 과거부터 가장 많은 지지를 받고 있다고 배웠고 지금도 가장 많은 공감대를 형성하고 있는 의론이 없는 것은 아닙니다. 바로 '연기법(緣起法)이 부처님의 성도의 내용'이라는 학설입니다. 그렇지만 앞에서도 언급한 적이 있지만, 노납은 "고따마 붓다는 연기법을 깨달아 부처가 되었다."라는 학설을 받아들이기가 힘들었습니다.

물론 제가 이러한 생각을 가지게 된 데는 여러 가지 이유가 있었지만, 가장 중요한 이유는 필자가 대승불교를 신봉하는 교단에서 출가하여 처음 『아함경』을 익히고 뒤에 「반야경」과 간화선을 참구하는 것으로 수행자의 길을 걷고 있다는 사실입니다. 먼저

『수행본기경(修行本起經)』「출가품(出家品)」에는 부처님의 깨달음의 내용과 관련하여 다음과 같이 설시하고 있습니다.

"보살은 이미 악의 근본을 버리고 탐심과 성냄과 어리석음이 없고, 나고 죽음과 다섯 가지 쌓임의 여러 가지들이 모두 끊어지고 남은 재앙이 없으며, 할 일을 다 이루고 지혜가 환하여짐을 스스로 알았는데, 샛별이 돋을 때에 탁 튀어 크게 깨달으면서 위없이 바르고 참된 도를 얻고 바르게 깨달은 어른[最正覺]이 되셨다."

「출가품」의 이 부분의 깨달음을 보통 아뇩다라삼먁삼보리를 증득하였다라고 말합니다. 때문에 대승불교에서는 부처님의 깨달음의 내용을 아뇩다라삼먁삼보리의 역어인 무상정등정각(無上正等正覺)이라고 말할 뿐, 이 깨달음이 어떤 상태나 경계인지에 대해서는 말을 아끼고 있습니다. 더구나 선불교(禪佛敎)에서는 '마음이 곧 부처다.'라고까지 말하기 때문에 깨달음의 내용을 언설로 표현하기가 쉽지 않았기 때문입니다.

다음으로 노납은 「반야경」을 공부하면서 '반야바라밀이 불교의 핵심'이라는 확고한 믿음을 가지게 된 때문입니다. 그리고 이 믿음의 근저에는 『대품반야경』「법칭품 제37」에서 설하는, "반야바라밀이 바로 부처님이다. 반야바라밀은 부처님과 다르지 않고 부처님은 반야바라밀과 다르지 않다."라는 법문이 자리하고 있습니다. '반야바라밀이 그대로 정각, 즉 아뇩다라삼먁삼보리이고 부처님이다.'라는 「반야경」의 가르침에 눈이 떠진 것입니다. 또한 『금강경』의 "반야바라밀은 곧 반야바라밀이 아니고 그 이름이 반야바라밀이다[般若波羅蜜 卽非般若波羅蜜 是名般若波羅蜜]."라는 법문에서 '반야바라밀이 아닌 그것[卽非]이 반야바라밀'이라는 곳을 보게 된 것입니다. '없는 곳'을 볼 수 있는 눈이 비로소 열린 것입니다.

연기법을 깨달아 고따마 붓다가 되다

노납이 "반야바라밀이 바로 부처님이다. 반야바라밀은 부처님과 다르지 않고 부처님은 반야바라밀과 다르지 않다."라는 『대품반야경』에서의 부처님 말씀에 믿음과 확신을 가지고 '마하반야바라밀 염송'으로 수행을 삼고 있는 가운데, 어느 날 주변에서부터 '명상'이라는 단어가 나타나기 시작했습니다.

어쩔 수 없이 노납도 명상이 무엇인가를 연구하기 위하여 『아함경』을 다시 보게 되는데, 그때 '반야바라밀이 고따마 붓다의 정각의 내용'이라는 필자의 믿음을 혼란 속으로 빠지게 하는 일이 생겼습니다. 『잡아함경』 12권 「인연경(因緣經)」에서 설하고 있는 다음과 같은 내용을 만나게 된 것입니다.

그때에 세존은 여러 비구들에게 말씀하셨다.

"나는 이제 인연법(因緣法)과 연생법(緣生法)을 설하리라.

어떤 것을 인연법이라 하는가? 이른바 '이것이 있기 때문에 저것이 있다[此有故彼有]'라는 것이니, 무명(無明)을 조건으로 의도적 행위들[行]이, 의도적 행위들을 조건으로 알음알이[識]가 있으며, 내지 이렇고 이렇게 하여 순수한 큰 괴로움의 무더기[純大苦聚]가 발생한다.

어떤 것을 연생법이라 하는가? 무명의 행위들은 혹은 부처님이 세상에 나오거나 부처님이 세상에 나오지 않거나 이 (연기)법은 항상 머물며 법은 법계에 머문다. 그것을 여래가 스스로 깨달아 알아서 등정각(等正覺)을 이루고 사람들을 위해 연설하여 열어 보이고 드러내 밝힌 것이다. …〈중략(中略)〉…

이러한 모든 법은 법이 머무름[法住], 법이 공[法空], 법이 여여[法如], 법이 그러함[法爾]이다. 법은 여여함을 떠나지 않고, 법은 여여와 다르지 않으며, 분명하고 진실하여 뒤바뀌지 않아서 이와 같이 연기를 그대로 따르는 것을 연생법이라고 한다."

노납은 「인연경」의 "(연기)법은 항상 머물며 법은 법계에 머문다. 그것을 여래가 스스로 깨달아 알아서 등정각(等正覺)을 이루고 사람들을 위해 연설하여 열어 보이고 드러내 밝힌 것이다."라는 부분에서 대승경전과는 다르게, 『아함경』에서는 '고따마 붓다의 깨달음의 내용'이 연기법이라는 것을 확실히 밝히고 있음을 확인한 것입니다.

그러나 그렇다면 「도시경」이나 「초전법륜경」에서 고따마 붓다가 네 가지 성스러운 진리를 깨닫고, "전에 들어본 적이 없는 법(法)들에 대한 눈[眼]이 생겼다, 지혜[智]가 생겼다, 통찰지[慧, paññā(반야)]가 생겼다, 명지[明]가 생겼다, 광명[光]이 생겼다."라고 설하신 것과는 '서로 간에 어떤 관계가 있는 것일까?'라는 의문이 들었습니다. 다행스럽게도 이 문제를 끌어안고 수많은 시간을 보낸 결과 「인연경」의 "이 (연기)법은 항상 머물며 법은 법계(法界)에 머문다."라는 표현이 '연기법이 곧 법계'라는 의미임을 깨닫게 되었습니다. 다시 말하면 연기법이 곧 깨달음이어서, 연기법과 깨달음은 같은 의미의 다른 표현임을 보게 된 것입니다.

경에서는 이어서 다시 법계인 연기법은 "법이 머무름[法住], 법이 공[法空], 법이 여여[法如], 법이 그러함[法爾]"이라 설하고 있습니다. 여기서 '법이 머무름[法住]'이라는 말은 모든 것이 의지하여 일어남[緣起]으로 존재함을 말하고, 연기한 모든 것은 다 공하므로 '법이 공[法空]'하다는 것입니다. '법이 여여함[法如]'이란 일체 만법이 진실하여 여여하다는 것이고, '법이 그러함[法爾]'이란 일체 모든 현상은 '진여법(眞如法) 그대로다'라는 뜻입니다. 즉 법계는 연기의 이법으로 자신의 모습을 나툰다[顯現]는 것입니다.

이렇게 보면 연기(緣起)와 공(空) 그리고 깨달음은 같은 의미의 다른 표현에 지나지 않음을 알 수 있습니다. 즉 반야바라밀이 공의 다른 이름이기 때문에 연기법과 반야바라밀은 똑같은 고따마 붓다의 깨달음의 내용이 되는 것입니다. 따라서 「반야경」에서 설하는 '반야바라밀이 바로 부처님이다'라는 법문은 '연기법이 바로 부처님이다'라는 말로 바꾸어도 문제가 없다는 의미가 됩니다. 이로써 오랜 시간에 걸쳐서 고따마 붓다의 깨달음의 내용문제로 필자를 괴롭혔던 연기법과 반야바라밀의 관계의 갈등을 해소하게 된 것입니다.

연기란 무엇인가?

대승불교에서 말하는 고따마 붓다의 깨달음[無上正等覺]의 내용을 『아함경』에서는 '연기법(緣起法)'이라고 밝히고 있음을 『잡아함경』 「인연경(因緣經)」을 고찰하는 과정에서 확인했습니다. 그렇다면 '연기(緣起)란 무엇인가?'라는 문제가 제기됩니다. 왜냐하면 연기법에 대한 정의(定義)와 의미(意味)를 살펴봄으로써 고따마 붓다의 깨달음의 실체를 파악할 수 있기 때문입니다. 그래서 먼저 연기에 대한 정의부터 살펴보겠습니다.

위에서 인용한 『잡아함경』 「인연경」에서는 "이것이 있기 때문에 저것이 있고, 이것이 일어남으로 저것이 일어난다[此有故彼有 此

起故彼起]."라고 설하고 있고, 『중아함경』「제7권」에서는 "연기를 보는 사람은 법을 보며, 법을 보는 사람은 연기를 본다[緣起見者法 見 法見者緣起見]."라고 설하고 있습니다. 여기서 법(法)이라는 말에는 여러 가지 의미가 있습니다만, 지금 경에서 말하는 법은 진리 혹은 부처라는 말입니다. 때문에 '연기를 보는 사람은 법을 본다'라는 말은 진리와 진리인 붓다를 동시에 보는 것을 의미합니다.

또한 『중아함경』「제47권」에는 "이것으로 인하여 저것이 있고 이것이 없으면 저것이 없다. 이것이 남으로 저것이 나고 이것이 멸하면 저것이 멸한다[因此有彼 無此無彼 此生彼滅]."라고 설하고 있고, 같은 내용이 『상윳따 니까야』「인연 상윳따(S12)」에도 설시되어 있습니다. 즉 경전의 종류에 따라서 연기의 정의를 다르게 표현하고 있습니다.

다음으로 연기의 정의를 기본으로 하여 연기의 의미를 살펴보겠습니다. 즉 '고따마 붓다가 깨달은 연기법은 어떻게 생긴 것일까?'라는 문제를 고찰해 보겠습니다. 연기(緣起)라는 말은 한자 '인연생기(因緣生起)'를 줄인 어휘로, 이 세상의 모든 사물과 사건은 수많은 조건[緣]과 그 조건 가운데서 가장 힘이 있고 직접적인 원인[因]이 의지하고 합해져서 생멸(生滅)한다는 뜻입니다.

연기의 빨리어는 paṭicca[Sk; pratītya. 의지하여] − samuppāda[Sk; samutpāda. 일어남, 발생, 근원]인데, 중국불교에서 한자로 연(緣; paṭicca) − 기(起; samuppāda)로 번역하여 오늘날까지 통용되는 어휘입니다. 따라서 연기를 오늘날의 우리말로 다시 번역하면 '의지하여 일어남' 혹은 '조건에 의해 발생하는 바의 인과관계'가 됩니다. 그리고 이 말은 어떤 것이 존재하는 이유가 상호의존의 관계에서 비롯한다는 뜻이지만, 더 중요한 것은 연기라는 말이 내포하고 있는 구체적인 '깨달음의 모양[覺相]'을 규명하는 데 있다고 생각합니다.

앞에서 살펴본 「인연경」에서는 연기의 깨달음의 모양을 "법이 머무름[法住], 법이 공[法空], 법이 여여[法如], 법이 그러함[法爾]이다."라고 설하고 있지만, 『남전대장경』「상응부경전 2 인연편」에서는 "여(如)이며 허망하지 않은 성품[不虛妄性]이며 다르지 않아 같은 성품[不異如性]이며 서로 의지하는 성품[相依性]"을 연기라고 설시하고 있습니다. 즉 두 경전이 설하고 있는 연기의 깨달음의 모양은 '서로 의지하여 생기는 물건이면서 여여하고 진여(眞如)의 성품을 잃지 않으면서 텅 빈 어떤 것'이라 설명하고 있습니다.

연기의 어의語義 해석 세 가지

위에서 『아함경』에서 설하고 있는 연기의 정의를 통하여 연기의 개념이 단순한 '조건에 의해 발생하는 바의 인과관계'가 아니라, '연기'라는 말에는 다음과 같은 세 가지 해석이 있을 수 있음을 알 수 있습니다.

1) 모든 사물과 사건은 다양한 요소가 동시에 생기하며, 찰나 (刹那)에 소멸하는 현상으로 나타난다는 것입니다.

2) 모든 사물과 사건은 원인과 조건을 기다려, 즉 의존하여 생기한다는 것입니다.

3) 모든 것은 이것이 있을 때 저것이 있으며, 이것이 생길 때 저것이 생긴다는 것입니다.

1)은 아비달마에서 주장하는 연기의 어의해석인데, 초기의 경전에서는 연기의 의미를 이렇게 모든 사물과 사건은 반드시 원인에 의해 형성된다는 정도의 개괄적 의미로 사용되었습니다. 여기서 중요한 사실은 모든 것은 동시에 생기면서 찰나에 소멸한다는 말입니다. 즉 오늘 그대가 보고 있는 저 산은 찰나에 생성과 소멸을 계속하는 결과의 산물이라는 것입니다.

그러나 중관학파 중 귀류논증파의 찬드라키르티는 (1)에 대하여 "가령 시각이라는 단일한 것이 눈, 물질적 대상 등의 단일한 것에 의존하여 생기하는 것도 연기이기 때문에 연기를 항상 많은 종류의 실제요소가 생기하는 것에만 한정해서는 안 된다고 비판하고 있습니다.

2)는 중관학파의 일파인 귀류논증파가 주장하는 것입니다. 설

일체유부에서는 연기를 "본래 항상적인 본체인 많은 실제요소가 동시에 공동으로 현상하여 그곳에 현재의 한순간밖에 지속하지 않는 경험적인 것의 나타남"으로 주장하고 있습니다. 그러나 귀류논증파는 설일체유부의 '항상적인 본체가 현재의 한순간밖에 지속하지 않는 것으로 현상한다는 것'을 인정하지 않고, 연기를 시간적으로 '기다려' 연속되는 인과 작용과 두 가지 것이 동시에 발생할 수도 있음을 주장하는 학설입니다.

3)은 역시 중관파의 일파인 자립논증파의 주장입니다. 이 주장은 '이것이 있으므로 저것이 있다'는 것은 〈이것이 없다면 저것도 없다〉는 것을 내포한 것으로 현상계 만유의 공간적(空間的)으로 서로 의존하는 성품의 관계를 나타낸 말이며, '이것이 일어나므로 저것이 일어난다'는 것은 〈이것이 멸하면 저것이 멸한다〉는 것을 내포한 것으로 현상계 만유의 시간적(時間的)으로 서로 의존하는 성품의 관계를 나타낸 말이라는 것입니다. 예를 들면 장단(長短)의 경우, 길다는 말은 짧다는 말이 생길 때 나오는 말이지 짧다는 말이 없는 길다는 말은 있을 수 없습니다. 아버지는 자녀가 있을 때 해당하는 말이지 자녀 없는 아버지는 없는 것입니다.

이렇게 연기의 어의 세 가지를 종합하여 볼 때, 연기의 의론에서 가장 중요한 '이것과 저것'이 나타내는 말은 어떤 두 가지라는 단순한 의미가 아니라 서로간의 상의성(相依性)을 가지고 존재하는 모든 것들을 대표하는 것이 됩니다. 모든 존재하는 사물과 사건은 공간적으로나 시간적으로나 하나도 독립됨이 없이 서로서로가 인(因)이 되고 또 연(緣)이 되어 서로가 서로를 의지한 채 존재한다[因緣生起]라는 결론에 도달하게 됩니다.

그러나 '연기'라는 상호의존의 법칙은 단순하지 않습니다. 위에서 연기관(觀)에 대하여 설일체유부, 중관학파의 귀류논증파, 자립논증파의 주장이 다른 것을 살펴보았지만, 상호의존의 원리도 세 가지 방식으로 생각할 수 있습니다. 첫째는 원인과 결과의 관점에서 보는 것입니다. 이 경우에 상호의존관계는 직선적입니다. 다시 말하면 어떤 원인과 조건이 있으면 그것에 따른 결과가 반드시 나타난다는 것입니다.

두 번째는 상호의존을 좀 더 쌍방 간의 의존의 관점에서 보는 것입니다. 어떤 현상은 다른 현상에 의존해서 존재한다는 것입니다. 다시 말하면 현상과 현상 사이에는 상호 연결성이 있습니다. 이것은 '부분'과 '전체'에 대한 생각에서 잘 나타납니다. 부분 없이 전체가 있을 수 없으며, 전체 없이 부분이 있을 수 없습니다. 가령 나무와 숲, 옷감과 그것을 구성하고 있는 실은 서로 의존하고 있는 것입니다.

세 번째는 존재 가치의 관점에서 보는 것입니다. 어떤 사물과 사건의 존재 가치는 그것이 놓여 있는 앞뒤 맥락이나 환경에 달려 있습니다. 어느 의미에서 사물의 존재 가치는 본래부터 정해진 것이 아니라 환경에 따라 변하는 것이라 할 수 있습니다. 절대적이 아니라 상대적입니다. 어떤 사물과 사건은 다른 사물과 사건에 관련지어서만 그 정의를 내릴 수 있습니다.

실로 이 세상에 나타나 있는 것 중 – 자기 자신까지도 포함하여 – 그 어느 하나라도 독립되어 따로 존재하는 것은 없습니다. 따라서 모든 것은 인연생기한다는 이 연기법은 실로 고금을 막론한 영원의 진리가 아닐 수 없는 것입니다.

12지연기 十二支緣起

『아함경』과 『니까야』에는 연기라는 이름으로 설해진 초기경전이 매우 많습니다. 때문에 불교를 처음 접한 사람들은 '연기는 부처님이 처음으로 만든 것인가?' 라는 의문을 가질 수도 있겠지만, 위에서 인용한 「인연경」에서 "여래가 세상에 나오거나 여래가 세상에 나오지 않아도 이것은 정하여져서, 법으로써 정하여져서 법으로 확립되어져 있다."라고 설하고 있는 것처럼, 연기란 결코 부처님께서 만든 것이 아닙니다. 단지 고따마 붓다는 연기의 이법(理法)을 스스로 깨달아 알아서 등정각(等正覺)을 이루고 사람들을 위해 연설하여 열어 보이고 드러내 밝힌 것뿐입니다.

그런데 『아함경』과 『니까야』에서는 인과 연의 의존관계를 더듬어 미혹된 삶의 근원을 밝히고, 나아가 깨달음의 세계를 열어가는 실상(實相)의 설명으로 12지연기(十二支緣起)로부터 2지연기(二支緣起)까지 다양한 항목을 설정하고 있습니다. 노납이 고따마 붓다의 정관명상법을 규명하기 위하여 지금까지 다루었던 『상윳따 니까야』「도시경」은 연기의 이치를 '태어남[生], 늙음 · 죽음[老死], 존재[有], 취착[取], 갈애[愛], 느낌[受], 감각접촉[觸], 여섯 감각장소[六入], 정신 · 물질[名色], 알음알이[識]'의 10지연기(十支緣起)입니다. 물론 가장 많이 언급되고 그래서 정형화(定形化)된 연기법은 인간의 삶에서 중요한 요점을 열두 가지 항목으로 구분하는 12지연기(十二支緣起)입니다.

보통 12지연기를 완비형이라고 부릅니다. 위에서 살펴본 『잡아함경』「인연경」은 완비형이긴 하지만, 중간의 항목을 생략하고 있을 뿐만 아니라 연기법의 중요한 내용의 설명도 결(缺)하고 있습니다. 해서 「인연경」과 비슷한 내용의 『니까야』인 아래의 『남전대장경』의 「상응부경전 2 인연편」을 「인연경」과 비교하여 살펴보면서 12지연기의 각 항목과 이에 따른 깨달음의 의미를 고찰해 보겠습니다.

세존(世尊)은 이렇게 말씀하셨다.

"비구들이여, 그대들에게 연기법(緣起法)과 연생법(緣生法)을 설하리니 그대들은 듣고서 잘 생각하라. 비구들이여, 연기란 무엇인가. 비구들이여, 태어남을 조건으로 늙음과 죽음이 있다. 여래가 세상에 나오지 않아도 이것은 정하여져서, 법으로 정하여져서 법으로 확립되어져 있으니, 곧 서로 의지하는 성품[相依性]이다. 여래는 이것을 증득하고 이를 안다. 증득하고 알아서 교시하고 선포하고 항상 설하고 개현하고 분별하고 명료하게 하여 '너희들은 보라'고 한다.

비구들이여, 태어남[生]을 조건으로 늙음 · 죽음[老死]이 있고, 존재[有]를 조건으로 태어남이, 취착[取]을 조건으로 존재[有]가, 갈애[愛]를 조건으로 취착이, 느낌[受]을 조건으로 갈애[愛]가, 감각접촉[觸]을 조건으로 느낌[受]이, 여섯 감각장소[六入]를 조건으로 감각접촉[觸]이, 정신 · 물질[名色]을 조건으로 여섯 감각장소[六入]가, 알음알이[識]를 조건으로 정신 · 물질[名色]이, 의도적 행위들[行]을 조건으로 알음알이[識]가, 무명(無明)을 조건으로 하여 의도적 행위들[行]이 있다.

여래가 세상에 나오거나 여래가 세상에 나오지 않아도 이것은 정하여져서, 법으로써 정하여져서 법으로 확립되어져 있으니, 곧 서로 의지하는 성품이다. 여래는 그것을 증득하고 안다. 증득하고 알아서 교시하고 선포하고 항상 설하고 개현하고 분별하고 명료하게 하여 '너희들은 보라'고 말한다.

비구들이여, 무명(無明)을 조건으로 하여 의도적 행위들[行]이 있다. 비구들이여, 이렇게 여(如)이며 불허망성(不虛妄性)이며 불이여성(不異如性)이며 상의성(相依性)인 것, 비구들이여,

이것을 연기라고 말한다.

　비구들이여, 조건으로 하여 생긴 법[緣生法]이란 무엇인가? 비구들이여, 늙음과 죽음[老死]은 무상(無常)·유위(有爲)·연생(緣生), 멸진(滅盡)의 법이고, 패괴(敗壞)의 법이고, 탐욕을 떠나야 할 법이며, 소멸[滅]의 법이다.

　비구들이여, 태어남은, 존재는, 취착은, 갈애는, 느낌은, 감각 접촉은, 여섯 감각장소는, 정신과 물질은, 알음알이는, 의도적 행위들은, 무명은 무상(無常)·유위(有爲)·연생(緣生)·멸진(滅盡)의 법이고, 패괴(敗壞)의 법이고, 탐욕을 떠나야 할 법이며, 소멸의 법이다. 비구들이여, 이들을 조건으로 하여 생긴 법이라고 한다."

　고따마 붓다는 연기법을 관조명상하여 생사의 고통에서 벗어나는 통찰지[반야바라밀]를 증득하셨습니다. 즉 12지연기는 인간이란 존재가 처한 현실과 그 해결을 밝히는 가장 훌륭한 처방전으로 고따마 붓다가 제시한 법문입니다. 마찬가지로 12지연기를 관찰하는 사람[行者]이 그것을 관(觀)함으로써 그의 무명(無明)이 소멸하거나 생사가 소멸해서 근심·탄식·육체적 고통·정신적 고통·절망에서 벗어나는 데 그 의미가 있습니다.

　여기에는 유전문(流轉門)인 순관(順觀)의 순서로 명상하는 방법과 환멸문(還滅門)인 역관(逆觀)의 순서로 관찰하는 방법의 두

가지가 있습니다. 그리고 연기의 역관을 말할 때 마지막의 늙음·
죽음[老死]에서부터 시작하여 의도적 행위들[行]·무명으로 거슬
러 올라가며 소멸한다고 하는 경우도 있지만, 『아함경』과 『니까
야』에서는 순관과 역관이 모두 무명에서 시작하는 형태로 설명하
고 있습니다.

그러나 노납은 이하에서 『상윳따 니까야』 「분석경, S12:2」을 통
하여 환멸문의 순서로 이것을 살펴보겠습니다. 왜냐하면 12지연
기가 인간의 삶의 현실을 파악하고 있는 것은 자명하지만, 그 본래
의 취지는 깨달음의 세계를 보이는 데 있기 때문입니다. 즉 환멸
문의 순서로 각지(各支)의 의미를 관찰하는 것이 깨달음의 세계를
보다 분명하게 탐구할 수 있다는 생각이 들기 때문입니다.

늙음·죽음[老死, jarā-maraṇa]

싯다르타 고따마가 출가·수행을 시작한 직접적인 원인은 중생
들의 삶에 괴로움이 수없이 많다는 사실의 인식이었습니다. 『상윳
따 니까야』 「연기경, S12:1」을 비롯한 초기경전에서는 이 한량없
이 많은 중생들의 고통을 하나하나 열거하지 않고, 이것을 '늙음과
죽음'이라는 말로 줄여서 표현하고 있습니다. 왜냐하면 모든 고통
가운데 가장 큰 괴로움이 늙음과 죽음이기 때문입니다.

늙고 죽음은 인간으로서는 피할 수 없는 과제입니다. 사실 늙
고 죽음이 없다면 다른 고통은 그렇게 심각하게 다가오지 않을지

도 모릅니다. 이러한 인간으로서는 피할 수 없는 고통인 죽음은 그러나 그것으로 끝이 아닙니다. 죽음이 모든 것의 종말이라면 자살할 수도 있습니다. 그러나 윤회하는 중생으로서는 죽음에 의해서 모든 것이 허무로 돌아가는 것이 아니라, 다시 생을 바꾸어 똑같은 괴로움을 언제까지나 반복합니다.

이러한 늙음·죽음[老死]을 『상윳따 니까야』「분석경」에서는 "이런저런 중생들의 무리 가운데서 중생들의 늙음, 노쇠함, 부서진(치아), 희어진(머리털), 주름진 피부, 수명의 감소, 감각기능[根]의 쇠퇴 - 이를 일러 늙음이라 한다. 이런저런 중생들의 무리로부터 이런저런 중생들의 종말, 제거됨, 부서짐, 사라짐, 사망, 죽음, 서거, 오온의 부서짐, 시체를 안치함, 생명기능[命根]의 끊어짐 - 이를 일러 죽음이라 한다."라고 설시하고 있습니다. 이에 대하여 주석서는 이렇게 설명을 덧붙이고 있습니다.

"'늙음'이란 고유성질을 설명한 것이다. '노쇠함'이란 형태의 성질을 설명한 것이다. 젊은 시절에 치아는 희다. 그것이 나이가 들면서 점점 색깔도 변하고 여기저기가 빠진다. 이제 빠지고 남아 있는 것과 비교해서 부서진 치아를 '부서진 것'이라 한다."

"여기서 '종말'이라는 것은 고유성질에 따른 설명이다. '제거됨'이라는 것은 형태의 성질에 따른 설명이다. 죽음에 이른 무더기들이 부서지고 사라지고 보이지 않기 때문에 '부서짐, 사라짐'

이라 부른다. '사망, 죽음'이라는 것은 찰나적인 죽음이 아니다. '서거'라는 것은 죽어서 없어지는 것이다. 이 모든 것은 인습적 의미로서 설한 것이다.

'오온의 부서짐'이라는 것은 궁극적 의미에서 설한 것이다. 하나의 구성성분을 가진 것 등에서 하나[색]와 넷[수·상·행·식]과 다섯[색·수·상·행·식]의 구성성분으로 나누어지는 무더기들이 부서진 것이지 사람이 (죽은 것이) 아니다. 그러나 이것이 있을 때 '인간이 죽었다'는 말은 단지 일상생활에서 통용되는 언어가 있는 것이다. '생명기능의 끊어짐'은 모든 측면에서 궁극적 의미의 죽음이다. 아울러 이것은 인습적 의미로서의 죽음이라고도 불린다. 왜냐하면 생명기능의 끊어짐을 두고 세상에서는 '땃사가 죽었다, 풋사가 죽었다'라고 말하기 때문이다."

태어남[生, jāti]

늙고 죽는 고통이 있게 된 원인을 추구해서 얻은 결론이 생(生), 즉 태어남이라는 것입니다. 물론 늙음과 죽음을 일으키는 원인은 많겠지만, 그러한 가운데서 가장 기본적인 조건이 태어나는 것입니다. 만약 이 세상에 태어나지 않았다면 늙어 죽는 일은 생기지 않기 때문입니다. 이러한 이유에서 '생으로 말미암아 늙고 죽음이 있다'고 설하는데, 여기에서 늙고 죽는 고통을 없애는 방법이 제시됩니다. 다름 아닌 태어남을 없애면 죽음은 저절로 없어진다는 사실입니다.

그렇다면 태어남이란 무엇인가? 「분석경」에서 태어남[生]은 '이런저런 중생들의 무리로부터 이런저런 중생들의 태어남, 출생, 도래함, 생김, 탄생, 오온의 나타남, 감각장소[處]를 획득함'이라고 정의하고 있지만, 경의 이 설명에 대하여 주석서는 중요한 두 가지 사항을 이렇게 덧붙이고 있습니다.

> "태어남, 출생, 도래함, 생김, 탄생은 인습적 의미의 가르침이고 오온의 나타남과 감각장소를 획득함은 궁극적 의미의 가르침이다."
>
> "오온의 나타남이란 궁극적 의미로 설한 것이다. 하나의 구성성분을 가진 것 등에서 하나[색]와 넷[수·상·행·식]과 다섯[색·수·상·행·식]의 구성성분으로 나누어지는 무더기[蘊]들이 나타난 것이지 사람이 (태어난 것이) 아니다. 그러나 이것이 있을 때 '인간이 태어났다'라는 단지 일상생활에서 통용되는 인습적 표현이 있는 것이다."

경전이나 주석서를 통해서 생각해 보면 태어남이란 인간이 이 세상에 탄생하는 것을 말하고 있습니다. 그런데 여기서 주의해야 할 것은 세상에 태어나서 살아가는 중생은 형태나 생각이 동일하지 않다는 사실입니다. 우선 같은 중생이면서 인간과 짐승 혹은 곤

충은 전혀 다른 생활을 합니다. 단지 모든 것이 우리들 인간의 문제인 까닭에 사람들의 삶에 국한해서 살펴보겠습니다. 우선 이 세상에는 똑같이 생긴 사람이 둘도 없습니다. 남녀가 다르고, 잘생기고 못생긴 것에 차이가 납니다. 훌륭한 가문에 태어나 평생 동안 행복을 누리면서 살아가는 사람이 있는가 하면, 태어나자마자 바로 버려지는 아이도 있습니다. 즉 온갖 차별 속에 인간은 생을 받는 것입니다.

그렇다면 이러한 생의 차별이 어찌하여 일어나는 것일까요? 부처님이 출세하기 전 인도에는 이 문제에 관해서 몇 가지 의론이 있었습니다. 첫째는 '존우론(尊祐論)'입니다. 존우란 창조신(創造神)을 의미하는 말인데, 이는 인간이 태어나는 그 자체로부터 행·불행에 이르기까지의 모든 것이 창조신의 뜻에 의해서 정해진다는 의론입니다. 따라서 여기에는 인간의 자유의사는 결코 인정되지 않습니다. 인간의 운명이 열리고 안 열리는 것은 오로지 신의 뜻에 달려 있기 때문에 인간은 각자의 행복을 얻기 위해서 창조주인 신을 절대적으로 신앙하지 않으면 안 된다는 사고방식입니다.

두 번째는 '숙명론(宿命論)'입니다. 이것은 인간이 태어나서 살아가는 모든 과정은 전생에 지어놓은 행위의 결과이기 때문에 현실의 행·불행 등은 모두 태어나기 이전부터 이미 정해져 있다고 하는 견해입니다. 따라서 인간의 노력이나 의지의 자유가 여기에서는 인정되지 않습니다. 그러나 현실적으로 인간은 의지의 자유가 있고, 또한 노력하면 얻어진다고 생각하고 있기 때문에 이 견해를 받아들이는 사람은 많지 않았을 것입니다.

　세 번째는 '우연론(偶然論)'입니다. 이 세상에 벌어지는 일은 모두가 우연히 일어난다는 사상으로 유물론적(唯物論的)인 사고방식입니다. 인간의 운명이란 자기 생각대로 되는 것도 아니고 또한 일정한 법칙이 있는 것도 아닌 것으로 일체에 인(因)도 없고 연(緣)도 없으며, 창조신도 없다는 견해입니다. 이 우연론은 인간의 운명을 비롯한 현상계의 모든 것이 돌발적인 우연에 의해서 전개될 따름이라고 주장합니다. 따라서 우연히 좋은 기회를 만나면 그 기회를 잘 활용하여 행복을 쟁취해야 한다고 말합니다. 이 의론은 알게 모르게 많은 사람들의 의식 가운데 자리 잡고 있습니다.

　사람들은 살아가면서 곧잘 '운명(運命)'이라는 말을 하곤 합니다. 여러 가지로 노력을 해 보았지만 생각대로 일이 성취되지 않을 때 체념적으로 하는 말입니다. 다시 말하면 우리들은 인간을 둘러싼 자연현상이나 선악(善惡)·길흉(吉凶) 혹은 재앙이나 복덕 등의 온갖 것이 선천적으로 정해져 있거나 초인간적인 위력에 의하여 조성되고 지배되기 때문에 사람의 힘으로는 변형시키지 못한다는 생각을 은연중에 가지고 있다는 말입니다.

　이러한 사고방식을 '운명론(運命論)'이라 하는데, 이 운명론자 가운데는 '존우론적 운명론'과 '숙명론적 운명론' 그리고 '우연론적 운명론'의 어느 한 가지를 자기도 모르는 사이에 말하곤 합니다. 사실 개인의 힘으로는 도저히 될 수 없는 어떤 큰 힘에 의해서 자기의 운명이 변해가는 것을 현실에서 인정하지 않을 수 없을 때, 사람들이 운명론적 경향을 갖게 되는 것도 한편으로 수긍이 가지 않는 바도 아닙니다. 왜냐하면 이 세 가지 사고방식을 넘어선 '제4의 입장'은 간단히 표출되지 않기 때문입니다.

그러나 그렇다고 해서 철저한 존우론이나 숙명론 혹은 철저한 우연론을 받아들일 수는 없었던 사람이 싯다르타 고따마이고, 깨달음을 얻은 부처님께서는 이 세 가지 의론에 대하여 그 모순점을 지적하여 진리가 아님을 피력하고 있습니다.

먼저 존우론에 관해서는 이렇게 비판하고 계십니다. 만약 인간의 탄생 및 사람들에게 닥치는 모든 행·불행 등 현실의 원인이 오로지 창조신의 뜻에 달려 있는 것이라면, 신의 의지로 생을 받은 우리 인생에게 어떠한 자유도 있을 수 없습니다. 따라서 현실에서 벌어지는 온갖 살생이나 도둑질·음행·거짓말·탐내고 성내는 행위가 신의 뜻에 의한 것이라고 보아야 되고, 인간의 노력으로 현실의 어려움이나 비리를 타개할 의욕은 생각할 수 없게 됩니다. 거기에는 또한 금생에 종교적 수행이나 도덕적인 행을 말하는 것조차 무의미하게 됩니다.

다음으로 숙명론에 관해서 보겠습니다. 만약 인간에게 닥치는 일체의 원인이 전생에 지은 행위의 결과이기 때문에 금생에서는 어쩔 수 없는 것이라 한다면, 전생에 원인을 지었기 때문에 금생에 당연히 온갖 살생이나 도둑질·음행·거짓말·탐내고 성내는 행위를 하게 될 것입니다. 또한 전생에 지은 행위는 변할 수 없는 것이기 때문에 사람들은 '이것은 하고 싶다, 이것은 하고 싶지 않다'는 욕망도 부질없는 것이 되고, 다른 사람을 향하여 '이것을 해라, 이것을 하지 말라'는 말도 성립할 수 없게 됩니다.

마지막으로 우연론에 관한 입장입니다. 만약 인생의 모든 일들이 전부 우연적인 현상이라 한다면, 우리 인간들이 이 현생에서 어떠한 부도덕한 행동을 할지라도 그것은 아무런 책임이 없게 됩니다. 그러나 과거의 인과 연은 차치하고, 현실생활에서 살생이나 도둑질 등의 행위가 있다면 반드시 그 책임을 묻게 되어 있습니다. 이것이 바로 우연론이 진리가 아님을 말해 주는 것입니다.

이와 같은 부처님의 견해에 대하여 이성(理性)이 있는 사람이라면 동감하지 않을 수 없을 것입니다. 세 가지 사고방식에 관한 부처님의 비판과 절복에 대해서 더 이상 허물을 발견할 수 없기 때문입니다. 그런데도 불구하고 2500여 년이 지난 지금에도 존우론적 숙명론을 진리인 양 신봉하는 사람들이 우리 주변에는 많습니다. 안타까운 일이 아닐 수 없습니다.

존재[有, bhava]

존우론과 숙명론 그리고 우연론을 비판하면서 부처님이 새롭게 제시한 것이 '연기론(緣起論)'입니다. 즉 인간은 차별적으로 태어나게 되고 거기에 따른 갖가지 고통이 있게 마련인데, 그 원인이 무엇인가를 밝힌 것이 연기설입니다. 이 연기설에는 몇 가지 종류가 있고, 특히 지금 우리들이 공부하고 있는 이 12연기설(十二緣起說)을 '업감연기설(業感緣起說)'이라고 합니다.

이 업감연기설에 의하면 인간을 비롯한 모든 중생의 삶[生]은 단 한 번만의 삶이 아니고 과거와 현재, 그리고 미래로 연결되어 거듭한다는 것이 '윤회사상(輪廻思想)'이라는 불교의 가르침입니다. 여기에는 인간의 태어남이 과거에 태어날 인연을 지은 결과임을 전제로 하고 있습니다. 이렇게 이 세상에 태어나는 경우, 그 태어나게 하고 나아가 생존을 존속시키는 힘을 '존재[有]'라고 합니다.

「분석경」은 존재에 '욕계의 존재, 색계의 존재, 무색계의 존재'인 세 가지를 들고 있습니다. 그리고 『청정도론』에서는 존재를 '업으로서의 존재[業有]와 재생으로서의 존재[生有]'로 나누고 있지만, 『아비달마 구사론』에서는 존재를 '업으로서의 존재'만으로 설명하고 있습니다. 여기서 업으로서의 존재라는 말은 욕계 · 색계 · 무색계의 존재로 태어나게 하는 업을 말합니다.

업이라는 것이 이렇게 인간[衆生]으로 하여금 생존을 가능케 하는 힘을 가지고 있기 때문에 그것을 존재라고 하는데, 이 존재가 삶으로 혹은 삶의 존속으로 나타나는 현상을 보면 천차만별입니다. 태어나는 환경부터 차별이 있고 살아가는 동안에도 행 · 불행에 엄청난 차이가 있게 마련입니다. 이렇게 천차만별의 차이와 차별의 원인이 무엇인가를 추구하여 얻은 결론이 '개개인이 지은 바업에 의해서'이고, 12연기설에서는 이 업(業)을 '존재'라고 설하고 있습니다.

업이란 산스끄리뜨어 까르마(karma)의 번역어로 '행위'라는 의미를 지니고 있습니다. 그러나 까르마의 한자 번역어인 업은 우리가 생각하는 일반적인 행위와는 그 개념에 차이가 있습니다. 즉 사람들이 어떤 행위를 했을 때, 그 행위가 끝난 뒤에 그것이 없어지는 것이 우리들이 생각하는 행위의 개념입니다. 그러나 생각해 보면 모든 행위에는 그것이 없어져도 무엇인가가 남아 있는 것을 알수 있습니다.

예를 들면 남의 물건을 훔치는 행위는 훔치고 나면 없어져 버립니다. 그렇지만 그것으로 도둑질의 행위가 없어져 버리는 것은 아닙니다. 마찬가지로 아무리 중요한 약속을 해도 그 약속의 말은 찰나에 사라지고 맙니다. 그러나 그 말은 보이지 않는 힘을 뒤에 남기고 있기 때문에 약속은 지켜야 하고 그렇지 못했을 때는 추궁을 받게 됩니다. 이와 같이 모든 행위 - 불교에서는 몸으로 짓고 입으로 짓고 뜻으로 짓는다고 한다 - 에는 보이는 부분[表業]과 뒤에 남아 보이지 않는 부분[無表業]이 있는데, 이 양자를 합한 힘을 불교에서는 '업'이라고 부릅니다.

사람들이 짓는 일체의 행위, 즉 업은 그것이 행해졌을 때에 반드시 거기에 상응하는 과보(果報)를 끌어당기는 힘을 낳게 되는데, 이것을 불교에서는 업보(業報)라고 합니다.

업보에는 두 가지 원칙이 있습니다. 첫째는 선 혹은 악의 업이 행해졌을 경우에는 좋아하는 혹은 좋아하지 않는 과보가 필연적으로 생긴다고 하는 '업보의 물리적 필연성'이고, 둘째로 그 과보는 엄격하게 개체적이어서 한 개인의 행위적 주체 위에 한 한 문제라는 '자업자득성(自業自得性)'입니다.

이렇게 업보에는 두 가지 법칙이 있기 때문에 사람들이 덕행(德行), 즉 이타적인 행위와 도덕적인 행위를 했을 때는 거기에 걸맞은 행복이 과보로서 나타나고, 반대로 악행(惡行)을 저지를 때는 불행의 운명을 맞게 됩니다. 그것도 철저하게 본인이 받는 것이어서 부모가 지은 업을 자식이 받는다든가 혹은 자식이 지은 업을 부모가 받는 등의 일은 있을 수 없습니다.

이렇게 보면 불교의 '업설(業說)'은 부처님이 배척한 숙명론이 아닌가 하는 의구심이 생길지도 모릅니다. 왜냐하면 업이라는 행위는 뒤에 보이지 않는 힘을 남기고 있기 때문에 우리들이 지난 생애에 자기가 한 행위 때문에 금생에 자신이 속박되는 그 범위 내에서는 숙명론적 성격이 있는 것은 피할 수가 없기 때문입니다. 그러나 업[생을 있게 하는 존재]의 의론은 결코 숙명론은 아닙니다.

왜냐하면 숙명론은 금생에서 행해지는 모든 행·불행이 전생에 지은 결과인 까닭에 절대불변이라고 하는 반면에 불교의 업설은 업을 초월해 나가는 의식의 활동을 보장하고 있기 때문입니다. 다시 말하면 불교에서 말하는 업설은 업보에 비록 두 가지 원칙이 있다고 하지만, 그렇다고 해서 그것이 절대로 변할 수 없다고 보는 것은 아닙니다. 그래서 초기경전이나 대승경전 가운데는 이 두 가지 원칙을 초월하고 비껴 나가며, 혹은 부수는 힘이 있음을 기술하고 있습니다.

취착[取, upādāna]

인간을 이 세상에 태어나게 하고 나아가 생존을 존속시키는 원동력인 '존재'는 무엇으로 인하여 형성되는가? 이 존재가 있게 된 원인을 탐구하여 발견된 것이 '취착[取]'입니다. 취착이라는 것은 집착하여 강하게 거머쥔다는 뜻입니다. 「분석경」은 취착에 네 가지[四取]가 있다고 설하면서 '감각적 욕망에 대한 취착[欲取], 견해에 대한 취착[見取], 계율과 의례의식에 대한 취착[戒禁取], 자아의 교리에 대한 취착[我語取]'을 들고 있습니다.

첫 번째의 감각적 욕망에 대한 취착이란 '대상이라 불리는 감각적 욕망을 취착'하기 때문에 혹은 '감각적 욕망 자체가 취착'이기 때문에 붙여진 이름입니다. 이 욕망에 다섯 가지의 종류가 있다고 해서 오욕(五欲)이라고 합니다만, 이 오욕 또한 두 가지로 분류하여 설명하고 있습니다.

먼저 『아함경』이나 『니까야』는 물론 『대지도론』 「제17권」에서

는 다섯 가지 욕망을 다섯 가지 감각기관인 눈·귀·코·혀·신체
가 그 대상이 되는 물질적 존재와 소리와 냄새와 맛과 촉각에 집착
하여 일으키는 다섯 가지 욕심인 물질적 존재에 대한 욕망·소리
에 대한 욕망·냄새에 대한 욕망·맛에 대한 욕망·촉각에 대한 욕
망이라고 설하고 있습니다. 이러한 욕망들은 좋은 것만을 추구하
고 거슬리는 것은 거부하며, 또한 가능한 한 많은 것을 요구하기
때문에 만족할 줄을 모릅니다. 때문에 수행이란 바로 이 다섯 가지
욕망의 근원인 다섯 가지 감각기관을 제어하기 위한 노력의 일환
(一環)이라고 해도 좋을 것입니다. 만약 이 다섯 가지를 제멋대로
놓아버리면, 그것이 추구하는 것은 끝이 없습니다.

다음은 『대명삼장법수(大明三藏法數)』「제24권」에서 설하고 있
는 다섯 가지 욕망입니다. 『대지도론』에서 말하고 있는 인간의 다
섯 가지 욕망은 사람들의 현실생활에서 구체적으로 활동을 시작하
는데, 『대명삼장법수』에서는 이 구체적인 욕망활동의 형태를 역시
다섯 가지로 나누고 있습니다. 이른바 재물에 대한 욕망[財欲]과
이성에 대한 욕구[色欲]와 음식물에 대한 욕심[食欲]과 명예를 추
구하는 욕망[名欲]과 수면에 대한 욕구[睡欲]의 다섯 가지입니다.
이하에서 『대명삼장법수』에서 말하는 다섯 가지 욕망의 하나하나
를 살펴보겠습니다.

첫째는 재물에 대한 욕망입니다. 다섯 가지 욕망 중 어느 것을
가장 중요하게 여기는가 하는 것은 개인의 성격이나 취향에 따라

다를 수는 있지만, 대다수의 사람들이 재물에 대한 욕심을 가장 중요하게 여기고 있습니다. 그런데 다섯 가지 욕망의 특징인 불만족성을 가장 잘 보여주는 것이 이 재물욕입니다. 아무리 많은 재물이 있다고 해도 어느 정도에서 만족하는 사람을 보기는 결코 쉽지 않습니다.

둘째인 이성에 대한 욕구는 재물에 대한 욕망과 비교해서 결코 뒤지지 않는 욕심입니다. 한 남자 혹은 한 여자에 만족하여 평생을 살아가는 사람을 만나기는 쉽지 않습니다. 또한 인간의 이성에 대한 욕구는 때와 장소를 가리지 않고 사건을 일으킵니다. 불자의 5계 가운데 불사음(不邪婬)을 세 번째로 꼽는 것은 우연히 정해진 것이 아닙니다.

셋째는 음식물에 대한 욕심입니다. 음식물의 섭취는 인간이 살아가는 데 있어서 가장 필요한 절대적 요소입니다. 그러나 인간들은 수천 년 전부터 생존을 위해서 음식을 섭취하는 것에서 벗어나 식도락(食道樂)을 위해서 음식을 먹기 시작했고, 지금은 그것이 보편화되어 있는 것처럼 보입니다. 때문에 식탐(食貪)은 도를 넘어 건강을 해치고 있는가 하면, 음식물의 과도한 섭취가 인간의 존엄성을 훼손하는 지경에까지 이르고 있습니다.

넷째는 명예를 추구하는 욕망입니다. 명예욕의 특징은 형태가 보이지 않기 때문에 사람들이 스스로도 자신이 명예욕에 빠져 있는지를 모르는 데 있습니다. 즉 명예욕은 자신의 욕망을 위장하여 국가나 민족 혹은 종단을 위하여 자신이 어떤 자리에 앉아야 한다고 말합니다. 많은 수행자들이 명예욕에 쉽게 떨어지는 이유이기도 합니다.

마지막인 수면에 대한 욕구란 잠자기 좋아하거나 편안하게 있기만을 바라는 인간의 행동을 말하는데, 보통사람들에게는 직업생활에 대한 근면의 문제이겠지만 수행자에게는 수행 자체의 승패를 좌우하는 중대한 사안입니다.

취착의 네 가지[四取] 중 둘째는 견해에 대한 취착[見取]입니다. '견해를 취착하기 때문에 견해에 대한 취착'이라고 말하기도 하지만, 또한 "자아와 세상은 영원하다."라는 경우에는 "뒤의 견해가 앞의 견해를 취착한다."라고 설명하기도 합니다.

견해에 대한 취착은 종교적 신념이나 정치적·사상적 이데올로기 등이 모두 여기에 해당되어 다른 사람의 종교를 비하하고 자기 종교로 개종시키기 위해서 전쟁에 호소한 예가 세계 역사상 특히 서양 역사에서는 적지 않았습니다. 그들은 인종적인 우월주의와 종교적인 편견으로 세계 도처에서 인명을 살상했습니다. 그러나 타인을 개종시키기 위해서 전쟁에 호소하는 것은 객관적으로 보아 종교 본연의 자세라고 할 수 없습니다. 그것은 종교의 탈을 쓴 폭력일 따름입니다. 언젠가 누구의 글인지는 기억나지 않지만 다음과 같은 이야기가 생각납니다.

남미를 정복한 기독교인들은 그들이 발달시킨 무기를 들고 잉

카제국에 쳐들어가서 평화스럽게 살던 사람들을 모조리 살육합니다. 원주민들을 나무에다 붙들어 매 놓고 사냥개를 풀어 물어서 죽게 만듭니다. 그리고는 마침내 산꼭대기에 올라가서 자기네들의 승리와 이를 찬양하는 신에 대한 기도를 합니다.

진리가 무엇인지 모르는 사회에서는 이러한 전쟁·살육·대립 등 공포가 있습니다. 힘을 합하고 노력해서 기껏해야 전쟁 무기나 만들어 서로 정복하면서 상대방을 무참히 죽게 만들어 놓고 승리를 기뻐하는, 이러한 끝없는 야욕을 통해서는 죽음과 공포가 반복된 세계가 끝날 날이 없습니다. 아무리 자기 종교가 옳다고 생각하더라도 전 세계를 자기의 종교로 개종시키는 것은 불가능합니다. 그것은 세계사가 잘 보여주고 있습니다.

불교는 처음부터 종교전쟁을 하지 않은 유일한 종교로 인식되고 있습니다. 그것은 능력에 따라 각자의 견해가 다른 것을 부처님은 용인하였고, 따라서 '이것만이 진리이고, 다른 것은 틀리다'라고 하는 견해에 떨어지지 말 것을 제자들에게 가르쳤기 때문입니다.

또한 견해에 대한 취착에는 죽은 후에는 아무 것도 남지 않는다고 하는 무견(無見), 자신이 사후에 상주한다고 하는 유견(有見), 인과의 도리는 없다고 하는 사견(邪見), 신체를 자기라고 보는 유신견(有身見)이 있습니다. 그러나 무견과 유견과 유신견은 부처님의 가르침에는 있을 수 없는 사상이고 이데올로기입니다. 고따마 붓다의 깨달음과 법문은 중도(中道)라는 사실을 결단코 잊어서는 안 됩니다.

취착의 네 가지[四取] 중 셋째는 계율과 의례의식에 대한 취착입니다. 계율과 의례의식 그 자체가 취착이기 때문에 이렇게 부르는데, 이는 잘못된 수행방법에 집착함을 말합니다. 이 잘못된 수행방법에는 여러 종류가 있습니다. 가령 소처럼 행동하고 소처럼 사는 것이 청정이라고 집착하여 소처럼 생활하는 사람도 있었습니다. 이렇듯 원인과 도(道)가 아닌 것을 원인과 도라고 집착하여 거기에 따라 수행하는 고집이 있는가 하면, 세상의 원인이 창조주에 있다고 하는 견해도 포함되어 있습니다. 또한 인도에서는 옛날부터 깨달음의 수행을 위해서 물속에 들어가거나 불에 몸을 던지는 삿된 고행이 행해지기도 했습니다.

그러나 만약 창조주가 세상의 원인이라면 인간은 할 일이 없어집니다. 물속에 오래 있는 것이 깨달음의 길이라면 개구리는 깨달음을 얻어야 하고, 다만 오래 앉아 있는 것이 해탈을 얻는 방법이라면 산기슭의 바위는 벌써 깨닫고 있어야 합니다. 생각해 보면 너무나 자명해지는 것을 어리석음 때문에 깨닫지 못하고 잘못된 가르침과 수행법에 집착하기 때문에 인간은 고통에서 벗어날 수 있는 길을 비껴가고 있습니다.

넷째는 자아의 교리에 대한 취착입니다. 언어로써 표현된 '자아(自我)'에 취착하는 것을 말합니다. 우리들은 곧잘 '나[我]'라는 말을 합니다. 그러나 이 나라는 것은 눈에 보이는 신체처럼 명료한 것이 아닙니다. 단지 우리들은 마음 가운데 어떤 것을 나라고 상정해서 그것을 언어로써 표현하고 있을 뿐입니다. 그런데도 사람들은 이 언어로써 표현된 자아가 그대로 실재한다고 집착하고, 거기에 따른 자기 것에 탐착합니다. 여기에서 인간의 번뇌는 시작됩니다. 그러나 우리들이 생각한 자아가 그대로 실재한다고 하는 증거는 없습니다. 가령 많은 사람들이 자아라고 생각하고 있는 마음을 생각해 봅시다.

마음은 무상하여 끊임없이 생멸하고 있습니다. 만약 자아가 생멸하지 않고 실재한다고 하면 무상한 마음과 실재하는 자아는 분리하는 것이 되고, 관계가 없는 것이 되고 맙니다. 역으로 만약 자아가 마음의 영향을 입어서 고락(苦樂)을 느끼고 변화한다면 그것은 실재한다고 말할 수 없을 것입니다.

그런데도 사람들은 이와 같이 생각하지 않고 자기가 이해한 대로 자아가 그처럼 마음 가운데에 실재한다고 해서 그것에 집착합니다. 그러나 자아란 있는 것이 아니고, 그것은 단지 언어로서만 존재할 뿐입니다. 중생은 이상의 네 가지 취착에 의해서 업을 짓게 됩니다. 때문에 취착이 있는 한 업은 계속되고 중생의 생과 괴로움은 소멸되지 않는 것입니다.

갈애[愛, taṇhā]

위에서 설명한 취착이 어떻게 해서 존재하게 되는가를 탐구하여 얻은 결론이 갈애[愛]입니다. '갈애(渴愛)'라는 말은 목이 마른 사람이 물을 구하는 것 같은 강한 욕구를 의미합니다. 아마 한여름에 목이 말라본 사람이라면 물을 구하는 심정을 이해할 것입니다. 사랑을 갈구하는 마음이 그와 같음을 비유해서 한 말입니다. 취착을 소멸하면 생존의 고통은 그것으로 끝낼 수 있지만, 그러나 취착을 없앤다는 것은 그렇게 용이하지가 않습니다. 왜냐하면 취착은 그 배후에 이것을 지지하는 강력한 힘이 있기 때문인데, 그 힘을 갈애라고 합니다.

「분석경」에서는 "여섯 가지 갈애의 무리[六愛身]가 있나니 '형색에 대한 갈애, 소리에 대한 갈애, 냄새에 대한 갈애, 맛에 대한 갈애, 감촉에 대한 갈애, 법에 대한 갈애'이다."라고 설시하고 있습니다. 이 갈애에는 몇 가지 종류가 있고, 경전이나 논서에 따라서 그 분류에 조금씩의 차이가 있지만, 『상윳따 니까야』「초전법륜경」은 '감각적 욕망에 대한 갈애[欲愛], 존재에 대한 갈애[有愛], 존재하지 않음에 대한 갈애[無有愛]'의 세 가지 갈애[三愛]를 말하고 있습니다.

먼저 '감각적 욕망에 대한 갈애'란 남녀 간의 애정을 비롯하여 재산·명예·식욕·수면 등의 세속적인 모든 욕구를 말합니다. 다음 '존재에 대한 갈애'란 죽은 후, 다음 세상에서는 행복과 쾌락이 많은 천상세계 등에 태어나고자 하는 욕구를 말합니다. 마지막으로 '존재하지 않음에 대한 갈애'란 존재가 없는 허무를 갈망하는 욕구를 말합니다.

이렇게 사람에게는 여러 종류의 욕망이 있지만 이것을 통틀어 갈애라고 부르는 것은 이것이 다른 욕망을 추진시키는 기본이 되는 동시에 맹목적인 욕망이기 때문입니다. 사실 사람들이 이성을 갈망하는 마음은 논리적으로 그 이유를 설명할 수 있는 성질의 것이 아닙니다. 그리고 그 욕망의 근저에는 또 다른 욕망이 도사리고 있습니다.

다름 아닌 불만족성(不滿足性)으로서의 욕구입니다. 일반적인 욕망이나 집착은 충족되면 곧 소멸됩니다. 재물욕이든 성욕이든 명예욕이든 항상 일어나는 것은 아닙니다. 재산이든 지위든 간에 자기가 처음 원했던 것이 이루어지면 사람은 일단 만족하게 됩니다. 그러나 얼마 있지 않아 그것에 만족을 느끼지 못하게 되고, 나아가 더 큰 재산, 더 높은 지위를 바라는 욕망이 생깁니다.

이와 같이 채워도 채워도 만족을 느끼지 못하고서 더욱 더 많은 것을 구하는 불만족성이 갈애의 특징입니다. 대부분 사람들의 마음은 이 갈애에 조종되어 움직이고 있습니다. 그 때문에 생존 자체가 고통입니다. 그래서 경에서는 '갈애를 조건으로 취착이 있다'라고 설하고 있지만, 그러나 갈애를 없애는 것은 쉽지 않습니다. 왜냐하면 다른 번뇌는 갈애의 도움을 받아서 일어나지만, 갈애 자신은 다른 번뇌의 도움을 받지 않고 스스로의 힘으로 일어나기 때문입니다.

느낌[受, vedanā]

갈애를 일으키는 원동력은 무엇인가? 이것을 탐구하여 발견한 것이 '느낌[受]'입니다. 하지만 느낌에는 '영납(領納)'의 의미가 내포되어 있습니다. 외계의 자극을 느낄 뿐만 아니라 그것을 받아들인다는 뜻입니다. 때문에 느낌에 의해서 마음속의 인식이 일어나는 것입니다. 그러나 느낌에 의해서 일어나는 것은 갈애에만 한정된 것은 아닙니다. 마음속에서 일어나는 모든 심리작용이 느낌으로 말미암아 일어납니다. 갈애도 그러한 것들 가운데 포함되는 까닭에 경에서는 '느낌으로 말미암아 갈애가 있다'라고 설하고 있습니다. 느낌의 의미에 관해서 「분석경」은 "여섯 가지 느낌의 무리가 있나니 '눈의 감각접촉에서 생긴 느낌, 귀의 감각접촉에서 생긴 느낌, 코의 감각접촉에서 생긴 느낌, 혀의 감각접촉에서 생긴 느낌, 몸의 감각접촉에서 생긴 느낌, 마음의 감각접촉에서 생긴 느낌'이다."라고 정의하고 있습니다.

여기서 우리들은 앞 항의 갈애와 느낌의 차이점을 발견하게 됩니다. 즉 갈애는 번뇌의 상태이긴 하지만 수면과 같은 상태이기 때문에 어떤 자극이 없는 한 활동하지는 않습니다. 반면에 느낌의 자극에 의해서 잠들어 있던 갈애는 잠에서 깨어나 활동을 시작하는 것입니다. 즉 느낌은 갈애가 생기는 계기를 마련하는 원인이라 할 수 있습니다. 바꾸어 말하면 고통의 직접적인 원인이라 할 수 있는 갈애를 멸하지 않아도 갈애를 잠에서 깨우는 느낌이 작용하지 않으면 갈애는 현실화되지 않는 것입니다.

이렇게 느낌이라는 것이 감각접촉, 즉 감수작용이기 때문에 여기에는 '고통을 느끼는 작용[苦受], 즐거움을 느끼는 작용[樂受], 고통도 아니고 즐거움도 아닌 것을 느끼는 작용[不苦不樂受]'의 세 가지 종류로 구분을 합니다. 사람들이 평소에 호흡을 하는 느낌은 '고통도 아니고 즐거움도 아닌 것을 느끼는 작용'이라고 할 수 있지만, 느낌이 잠들어 있는 갈애를 깨울 때는 처음에는 '즐거움을 느끼는 작용'을 하다가 멀지 않아 '고통을 느끼는 작용'으로 변하는 것을 현실생활에서 많이 목격하기도 합니다.

감각접촉[觸, phassa]

느낌은 무엇을 인연으로 하여 촉발되는가 하는 문제를 추구하여 얻은 것이 감각접촉[觸]인데, 「연기법경」에서 "여섯 감각장소로 말미암아 (조건으로) 감각접촉[觸]이 있다."라고 설하고 있습니다. 이 감각접촉의 의미에 관해서 「분석경」은 "여섯 가지 감각접촉의 무리가 있나니 '형색에 대한 감각접촉, 소리에 대한 감각접촉, 냄새에 대한 감각접촉, 맛에 대한 감각접촉, 감각에 대한 감각접촉, 법에 대한 감각접촉'이다."라고 정의하고 있습니다.

「분석경」의 이 설명은 감각접촉이 눈의 접촉[眼觸]·귀의 접촉[耳觸]·코의 접촉[鼻觸]·혀의 접촉[舌觸]·신체의 접촉[身觸]·마음의 접촉[意觸]인 여섯을 말하고 있는데, 그러나 이러한 여섯 가지 감각접촉은 눈 혹은 마음 그 자체만으로 생기는 것이 아니고, 감각기관[根]과 감각기관의 대상[境]과 인식[識]의 화합에 의해서 생기는 것입니다. 여기서 말하는 감각기관이란 눈·귀·코·혀·신체·마음인 여섯 감각기관[六根]이고, 감각기관의 대상이란 색깔과 형태·소리·냄새·맛·접촉·생각되어 지는 것인 감각기관의 여섯 대상[六境]을 말하며, 인식이란 눈의 인식·귀의 인식·코의 인식·혀의 인식·신체의 인식·마음의 인식인 여섯 가지 인식[六識]의 인식작용을 말합니다.

또한 처음의 눈의 접촉은 눈과 색깔·형태와 눈의 인식이 화합하는 것에 의해서 생기고, 두 번째의 귀의 접촉은 귀와 소리와 귀의 인식이 화합하는 것에 의해서 생기게 되는 것입니다. 이 때문에 우리들이 사물을 인식하는 데는 무엇을 느끼는 것에 앞서 감각접촉이 있을 수밖에 없습니다. 이렇게 보면 감각접촉이란 감각기관과 감각기관의 대상과 인식을 '결합하는 것'이라 할 수 있습니다. 사실 색깔과 형태 혹은 소리 등의 대상은 외계에 있기 때문에 이것은 물리적인 자극입니다.

그리고 감각기관의 지각은 외계를 직접 지각하는 것이 아니고, 감각접촉에 의해서 외계의 물리적 자극이 심리적인 것으로 변화하여 그것을 지각하는 것입니다. 여기에서 비로소 인식이 일어나는 것입니다. 즉 눈과 색깔·형태와 눈의 인식의 세 가지가 있어도 감각접촉이 그러한 것을 결합하지 않으면 인식은 일어나지 않는 것입니다. 또한 감각기관과 감각기관의 대상과 인식의 화합이 있을 때 먼저 감각접촉이 작용하고 이어서 느낌이 있긴 하지만, 그러나 시간적으로는 이러한 모든 것이 동일 시간에 작용합니다. 단지 논리적으로 느낌보다 감각접촉이 앞에 있기 때문에 '감각접촉으로 말미암아 느낌이 있다'라고 말하는 것입니다.

여섯 감각장소[六入, sal-āyatana]

마음[精神]과 육체가 합쳐져서 존재하는 인간은 돌덩이처럼 정지된 상태로 있지 못합니다. 끊임없이 외계(外界)와의 접촉을 통해서 무엇인가를 이루고자 합니다. 이 인간욕구의 접촉창구가 무엇인가를 추구하여 얻은 결론이 '정신·물질을 조건으로', 혹은 '정신·물질로 말미암아 여섯 감각장소[六入]가 있다'라는 것입니다. 「분석경」은 여섯 감각장소를 '눈의 감각장소, 귀의 감각장소, 코의 감각장소, 혀의 감각장소, 몸의 감각장소, 마음의 감각장소'를 들고 있는데, 이 여섯 감각장소는 6처(六處)라고도 부릅니다. '처'라는 말이 '장소·영역'이라는 뜻이기 때문에 '여섯 감각장소'라고 번역한 것입니다. 『아함경』에서는 여섯 가지를 보는 눈[眼處]·듣는 귀[耳處]·냄새를 맡는 코[鼻處]·맛을 보는 혀[舌處]·느끼는 장소인 신체[身處] · 생각의 장소인 마음[意處]이라고 설명하고 있습니다.

　그런데 고따마 붓다는 분석명상을 통해서 여섯 감각장소만 있다고 해서 외계와의 접촉이 이루지는 것이 아님을 보았습니다. 즉 안의 여섯 감각장소[六內處]가 작동하기 위해서는 밖의 여섯 감각대상[六外處]이 존재해야 한다는 것을 보았습니다. 이것을 여섯 감각기관[六根]과 감각기관의 여섯 대상[六境]이라고 부르고 이 두 종류의 영역을 합쳐서 열두 가지 장소[十二處]라고 말하는데, 밖의 여섯 감각대상은 색깔과 형태의 영역[色處] · 소리의 영역[聲處] · 냄새의 영역[香處] · 맛의 영역[味處] · 감촉의 영역[觸處] · 생각되어지는 영역[法處]입니다.

　또한 『청정도론』 「제15장」에서는 여섯 감각기관과 감각기관의 여섯 대상 외에 열여덟 가지 요소[界, dhātu]를 상정하고 있는데, 이것은 인간의 몸과 마음, 그리고 이 세계를 분석해 보면 열여덟 종류의 요소가 인정된다는 데 근거하고 있습니다. 여기서 요소라는 말은 빨리어 다뚜(dhātu)를 번역한 단어인데, 크게 세 가지 종류로 나누어 볼 수 있습니다.

　첫째는 여섯 감각장소[根]의 요소로 눈의 요소[眼界] · 귀의 요소[耳界] · 코의 요소[鼻界] · 혀의 요소[舌界] · 신체의 요소[身界] · 마음의 요소[意界]입니다. 둘째는 여섯 대상[境]의 요소로 색깔과 형태의 요소[色界] · 소리의 요소[聲界] · 냄새의 요소[香界] · 맛의 요소[味界] · 감촉의 요소[觸界] · 생각되어지는 요소[法界]이고, 셋째는 여섯 알음알이의 요소로 눈으로 인식하는 요소[眼識界] · 귀로 인식하는 요소[耳識界] · 코로 인식하는 요소[鼻識界] · 혀로 인식하는 요소[舌識界] · 신체로 인식하는 요소[身識界] · 마음으로 인식하는 요소[意識界]입니다.

그러나 열두 가지 장소와 열여덟 가지 요소는 의미는 다르지만, 그 분류의 결과는 크게 다르지 않습니다. 구태여 다른 점을 들자면, 그것은 마음의 영역에 여섯 인식[六識]을 하나로 합하는가, 그렇지 않으면 별개로 세우는가 하는 점입니다. 즉 열두 가지 장소를 말할 때는 인식의 주체가 마음의 영역 안에 숨겨져 한 개로 되어 있지만, 열여덟 가지 요소에서는 여섯 가지 인식이 각각 실체가 되어 작용하고 있는 것입니다. 즉 여섯 감각장소의 요소와 여섯 대상의 요소와 여섯 알음알이의 요소인 열여덟 가지 요소와 열두 가지 장소로 외계와의 접촉이 이루어지는 것입니다.

정신 · 물질[名色, nāma-rūpa]

여섯 감각장소라고 하는 것은 어떻게 해서 있는 것인가? 이것을 물어서 발견한 것이 정신 · 물질[名色]입니다. 『상윳따 니까야』 「분석경」은 "느낌, 인식, 의도, 감각접촉, 마음에 잡도리함 … 이를 일러 정신이라 한다. 그리고 네 가지 근본물질[四大]과 네 가지 근본물질에서 파생된 물질 … 이를 일러 물질이라 한다."라고 정의하고 있습니다. 그리고 주석서에서는 이것을 다음과 같이 설명하고 있습니다.

"이 가운데 '느낌'은 느낌의 무더기[受蘊]이고 '인식'은 인식의 무더기[想蘊]이고 '의도'와 '감각접촉'과 '마음에 잡도리함'은 심리현상들의 무더기[行蘊]라고 알아야 한다. 그런데 심리현상들의 무더기에 속하는 다른 법들도 많은데 (왜 여기서는 이들 셋만을 언급하였는가?) 이들 셋은 마음이 가장 미약할 때에도 존재하기 때문이다. 그래서 여기서는 이들 셋을 통해서 심리현상들의 무더기를 보이신 것이다.

'네 가지 근본물질'은 땅의 요소[地界], 물의 요소[水界], 불의 요소[火界], 바람의 요소[風界]이다. '파생된 물질'은 네 가지 근본물질의 적집을 취해서 존재하는 물질이다."

『상윳따 니까야』「분석경」과 주석서를 종합해서 고찰해 보면 '정신[名, nāma]'이란 감각이나 느낌 · 표상이나 인식 · 의지나 의도 · 마음에 잡도리함[作意]을 말하고, '물질[色, rūpa]'이란 물질적으로 존재하는 육체를 의미합니다. 이에 대하여 『아함경』에서는 '인간은 다섯 가지 모임[五蘊]인 물질적 존재[色] · 감각[受] · 표상[想] · 의지[行] · 알음알이[識]로 형성되어 있고, 이 가운데 물질적 존재가 물질이고 나머지 넷이 정신이라는 것입니다. 다시 말하면 인간이 다섯 가지 모임으로 구성되어 있다는 말은 인간은 육체와 정신이 합쳐서 된 물건이라는 의미이기 때문에, 정신·물질이란 개개인을 형성하고 있는 것을 마음[정신]과 신체라는 두 가지로 나눈 것이라고 할 수 있습니다.

그러나 일반적으로 정신에는 알음알이도 포함되는 것으로 봅니다. 그래서 다섯 가지 모임 가운데 감각·표상·의지·알음알이는 정신에 속하고 물질적 존재는 물질로 분류하는 것입니다. 그러나 연기의 문맥에서 보면 정신·물질[名色]의 정신은 항상 감각·표상·의지의 세 가지 모임만을 뜻한다고 설명합니다. 왜냐하면 알음알이는 이미 12연기의 세 번째 구성요소로 독립되어 나타나기 때문입니다.

알음알이[識, viññāṇa]

인간이 살아 있다는 것은 호흡을 한다든가 음식을 섭취한다든가 사유하는 등의 생리적·심리적으로 영위하는 것을 말합니다. 그러나 오장육부를 비롯한 육체의 활동이나 심리활동의 밑바탕에는 이러한 잡다한 활동을 통일하고 있는 작용이 있습니다. 만약 이 통일의 작용이 없다면 우리들의 심신이 정연한 조화를 가지고 활동하는 것은 불가능합니다. 가령 호흡이나 심장의 활동 등은 마음이 잠들어 있을 때도 쉬지 않고 계속되는데, 이러한 것은 모두가 인간의 모든 활동을 통일하는 것으로서의 알음알이가 있기 때문에 가능한 것입니다. 그래서 '알음알이로 말미암아 정신·물질이 있다'고 설하는 것입니다.

『상윳따 니까야』「분석경」에서는 "여섯 가지 알음알이[六識]의 무리가 있나니 '눈의 알음알이[眼識], 귀의 알음알이, 혀의 알음알이, 몸의 알음알이, 마노의 알음알이'이다. … 이를 일러 알음알이라 한다."라고 설하여 여섯 감각기관[六根]으로부터 생긴 알음알이를 말합니다. 그러나 여기서는 그 여섯 가지를 하나로 취급하여 그냥 '알음알이'라 부르고 있습니다. 사람들은 정신과 물질의 합일에 의해서 살아서 존재할 수 있는데, 그 밑바탕에는 정신과 물질의 합일이 알음알이에 의해서 통일되어 생명을 유지하고 있다는 것입니다.

의도적 행위들[行, saṅkhāra]

『상윳따 니까야』「분석경」에서는 "세 가지 의도적 행위[行]가 있나니 몸의 의도적 행위[身行], 말의 의도적 행위[口行], 마음의 의도적 행위[意行]이다. – 이를 의도적 행위들이라 한다."라고 설시하고 있습니다.

의도적 행위라는 말은 12연기설의 항목 외에도 삼법인(三法印)의 하나인 '제행무상(諸行無常)'이라고 할 때의 행과 '다섯 가지 모임[五蘊]'의 하나인 행에서도 나타나고 있습니다. 이 모두가 '빨리어 상카라[saṅkhāra, Sk; saṃskāra(삼스까라)]'의 역어(譯語)로서 '위작

(爲作)·조작(造作)' 등의 뜻으로 해석됩니다. 즉 '만들어진 것' 혹은 '지어서 만드는 힘'을 행이라고 한 것입니다. 주석서에서는 "업(業) 형성을 특징으로 하는 것이 '의도적 행위'이다."라고 설명하고 있는데, 이는 행이라는 말이 업(業)과 같은 의미를 지니고 있음을 뜻한다고 볼 수 있습니다.

앞 항의 알음알이는 인식이나 판단을 하는 힘인데, 그 배후에는 그 사람이 가진 특유의 습관이 있습니다. 우리들이 알음알이에 의해서 사물을 인식하고 판단하는 것은 완전한 백지의 상태에서 이루어지는 것은 아닙니다. 이미 특유의 욕망이나 성격, 소질 등에 채색되어 그것에 의해서 움직여 판단합니다. 가령 사냥이나 낚시를 하는 행위를 두고 어떤 사람은 살생이라고 죄악시하는가 하면, 또 다른 사람은 건전한 레저라고 당연시합니다.

무엇 때문에 한가지 사안을 두고 사람마다 이렇게 가치기준이나 판단이 다른가? 그것은 식에 갖추어져 있는 습성, 즉 업이 다르기 때문입니다. 이렇게 알음알이를 배후에서 조종하면서 개인적인 것으로 형성하는 힘이 행인 것입니다.

무명(無明, avijjā)

마지막으로 의도적 행위들, 즉 업은 무엇 때문에 짓게 되는가를 고찰해서 발견한 것이 무명(無明)입니다. 『상윳따 니까야』「분석경」에서는 "괴로움에 대한 무지, 괴로움의 일어남에 대한 무지, 괴로움의 소멸에 대한 무지, 괴로움의 소멸로 인도하는 도 닦음에 대한 무지이다. … 이를 일러 무명이라 한다."라고 설하고 있습니다.

무명이란 '명(明)'이 없다는 의미로서, 여기서 말하는 명은 지혜(智慧)를 뜻합니다. 즉 지혜가 없는 것을 무명이라고 합니다. 그러나 무명의 더 구체적인 의미는 단순히 올바른 지혜가 없다는 것뿐만 아니라, 진리를 깨닫지 못하고 미망에 덮여 있는 상태를 말합니다.

인간이 삼계를 윤회하는 근본원인이 바로 무명입니다. 그리고 「분석경」의 설명처럼 네 가지 성스러운 진리[四聖諦]에 대한 무지가 무명이라고 이해하는 것이 일반적입니다. 진리를 깨닫지 못하는 미망성은 맹목적입니다. 가령 어떤 중생이든 간에 살고자 하는 욕심을 가지고 있는데, 그 살고자 하는 욕망은 어떤 목적이 있는 것이 아닙니다.

우리들은 여름날 극성을 부리는 모기를 대할 때 저것들이 무엇 때문에 저렇게 살려고 하는지를 알지 못합니다. 특정한 이유도 없으면서 살고자 몸부림치는 게 어디 모기뿐인가요? 우리 인간 역시 마찬가집니다. 인간이 살고자 하는 데는 특별한 이유가 있는 게 아닙니다. 그 맹목적인 삶의 욕구가 바로 무명입니다.

사람들이 만약 무명을 바로 볼 수만 있다면 의도적 행위[行]는 저절로 없어지고 생사의 고통도 사라집니다. 그러나 무명을 확연히 본다는 게 쉬운 일은 아닙니다. 왜냐하면 무명은 일종의 꿈과 같은 것이어서 꿈을 꾸고 있는 상태에서는 그것이 꿈인 줄 모르기 때문입니다. 꿈속에서는 꿈 그 자체가 절대적인 가치를 갖습니다.

이와 마찬가지로 무명에 의해서 마음이 미혹되어 있을 때는 무명의 미망성을 알 수가 없습니다. 미혹되어 있는 상태에서는 무명을 보려고 해도 보이지 않습니다. 우리들이 수행을 하는 이유가 바로 여기에 있습니다. 만약 잠을 깨고 나면 꿈인 것을 알듯이, 우리들이 어떤 수행을 통해서 무명을 발견할 때 무명은 없어집니다.

결국 무명이라는 것은 깨달음에 의해서 없어지는 물건입니다. 따라서 무명이 무엇을 인연으로 해서 생기는가를 더 추구할 필요가 없고, 12인연은 무명을 발견하는 것에서 끝나는 것이라고 말할 수 있습니다. 그러나 무명을 발견했다 해서 모든 번뇌가 사라지는 것이 아님도 알아야 합니다. 발견하여 아는 것과 깨달음의 증득은 다른 차원이기 때문입니다.

그래서 고따마 붓다는 "그때 나는 지혜롭게 마음에 잡도리함을 통해서 마침내 '태어남[生]이 없을 때 늙음·죽음이 없으며 태어남이 소멸하기 때문에 늙음·죽음이 소멸한다'라고 통찰지로써 관통하였다."라고 설하고 계십니다. 통찰지로써 관통한 무명의 발견이 있을 때 비로소 늙음과 죽음으로 대변(代辯)되는 온갖 고통에서 벗어날 수가 있는 것입니다.

유전문流轉門과 환멸문還滅門

고따마 붓다는 '깨달음의 모양[覺相]'이 연기임을 깨닫고 깨달음을 증득했습니다. 즉 연기의 이법을 깨달은 것입니다. 여기서 이 깨달음이라는 말이 중요한 이유는 고따마 붓다가 이 연기법의 깨달음에 의해서 그동안 자신을 짓누르고 있었던 일체의 번뇌를 벗어난 해탈(解脫)의 상태를 얻었다는 것입니다. 그리고 이미 『상윳따 니까야』「도시경」을 통하여 연기의 이법을 깨닫는 데는 두 가지 관하는 법[觀法]이 있음을 살펴보았습니다.

하나는 괴로움과 번뇌가 생기는 과정을 일컫는 것으로 이를 순관(順觀) 또는 유전문(流轉門)이라 하고, 또 다른 하나는 그 생사윤회의 고뇌로부터 벗어나는 과정을 말한 것으로 이것을 역관(逆觀) 또는 환멸문(還滅門)이라고 합니다. 12지연기를 설하는 대개의 경문에는 순관인 유전문의 내용은 비교적 자세히 설하고 있지만, 환멸문인 역관에 대해서는 자세한 설명이 생략되어 있습니다.

그러나 본 저서에서는 12가지 항목 전체를 자세히 설명하고 있기 때문에 참고하시면 좋겠습니다. 이러한 연기의 순관[流轉門]과 역관[還滅門]에 관해서 설하는 경전으로 『상윳따 니까야』「깟짜나곳따경(S12:15)」이 있는데, 다음과 같이 설하고 있습니다.

깟짜나곳따 존자가 세존께 이렇게 여쭈었다.

"세존이시여, '바른 견해[正見], 바른 견해'라고들 합니다. 세
존이시여, 바른 견해는 어떻게 해서 있게 됩니까?"

"깟짜야나여, 이 세상은 대부분 두 가지를 의지하고 있나니 그
것은 있다는 관념과 없다는 관념이다.

깟짜야나여, 세상의 일어남[集]을 있는 그대로 바른 통찰지로
보는 자에게는 세상에 대해 없다[無]는 관념이 존재하지 않는다.
깟짜야나여, 세상의 소멸[滅]을 있는 그대로 바른 통찰지로 보는
자에게는 세상에 대해 있다[有]는 관념이 존재하지 않는다.

깟짜나곳따(kaccānagotta)는 부처님의 10대 제자 가운데 한 사
람으로 교리를 논함에 가장 밝고 뛰어나다 하여 논의제일(論議第
一)이라 불리는 한역경전(漢譯經典)의 가전연(迦栴延) 존자를 말
합니다. 세간의 모든 학문이나 종교는 그 무엇인가가 있다는 견해
[有見]와 없다는 견해[無見]의 두 가지가 근본이 되어 있습니다.

이와 같이 어느 한 편으로 치우친 견해를 변견(邊見)이라 하는
데, 변견이란 곧 편견이라는 뜻입니다. 일체의 상대적인 대상에 대
한 가장 뿌리 깊고 근본적인 치우친 견해가 있다[有]와 없다[無]는
두 가지이므로 유와 무가 완전히 해결되면 모든 상대적인 문제는
저절로 해결됩니다. 그래서 부처님께서 유와 무를 대표로 말씀하
신 것입니다.

「깟짜나곳따경」에 나오는 일어남[集]과 소멸[滅]은 네 가지 성

스러운 진리[四聖諦] 중의 집제(集諦)와 멸제(滅諦)를 말합니다. 부처님이 깨달은 진리인 사성제 중 집제(集諦)는 괴로움의 일어남 즉 괴로움의 원인을 말하고, 멸제(滅諦)는 그 괴로움의 소멸을 말합니다. 여기서 말하고 있는 괴로움의 원인을 말하는 집(集)과 괴로움의 소멸을 말하는 멸(滅)의 자세한 내용이 연기법의 순관과 역관의 내용입니다. 즉 여기에서 말하는 집(集)은 바로 연기의 순관을 말하고, 멸(滅)은 연기의 역관을 말합니다.

순관은 12연기를 차례로 관찰하는 것입니다. 곧 "무명(無明)을 조건으로 하여 의도적 행위들[行]이 있고, 의도적 행위들을 조건으로 알음알이[識]가 있으며 내지 태어남[生]을 조건으로 늙음·죽음[老死]이 있다."라는 것을 관찰하고 사유하는 것입니다.

역관은 순관과 반대로 관찰하는 것입니다. 곧 "무명이 소멸하기 때문에 의도적 행위들이 소멸하고, 의도적 행위들이 소멸하기 때문에 알음알이가 소멸하고 내지 태어남이 소멸하기 때문에 늙음·죽음이 소멸한다."라고 사유하고 관찰하는 것입니다.

그런데 순관에 의하면, 무명을 조건으로 하여 의도적 행위들이 있고 마침내 태어남이 있고 늙음·죽음이 있게 되므로, 이 세간에 아무 것도 없다는 견해는 있을 수 없게 됩니다. 또 역관에 의하면, 무명이 소멸하므로 의도적 행위들이 소멸하고 마침내 태어남이 소멸하고 늙음·죽음이 소멸하므로 이 세간에 실체적인 그 무엇이 있다는 견해는 있을 수 없게 됩니다.

그렇지만 여기 중요한 문제가 하나 남아 있습니다. 우리들이 연기법의 이치를 사유하여 사건과 사물의 상호의존 관계를 이해하고 100% 알았다고 해도, 만약 자신에게 번뇌가 남아 있다면 그것은 연기의 이치를 이해한 것이지 깨달은 것은 아닙니다. 그런데도 우리 주변에는 연기법의 이치를 이해[解悟]한 것을 가지고 깨달음을 얻은 것처럼 말하는 사람들이 있습니다.

이러한 행위는 본인의 의도와 관계없이 결국은 부처님의 깨달음을 왜곡하고 폄하(貶下)하는 결과가 될 수도 있기 때문에 주의하지 않으면 안 됩니다. 중요한 것은 『상윳따 니까야』「도시경」과 「인연경」에서 살펴본 것처럼, 고따마 붓다는 이 연기의 이법(理法)인 연기법을 이해한 것이 아니라 깨달았다는 것입니다.

—

현상 저 너머의 세계

—

통찰의 지혜

모든 사람들은 늘 무거운 마음의 짐을 지고 살아가고 있습니다. 그것은 고통과 슬픔과 번민의 경험에 대한 두려움입니다.『반야심경』「공능분」에도 "마음에 걸림이 없고, 걸림이 없는 까닭에 무서움과 두려움이 없다[心無罣碍 無罣碍故 無有恐怖]."라고 설하고 있듯이 우리 모두는 날마다 무서움과 두려움의 짐을 지고 살아갑니다. 물론 그것을 느끼지 않게끔 자신을 감싸면서 지키는 경우도 있습니다. 그런데도 그것이 워낙 마음 밑바닥에서 일어나는 작용이라서, 우리들은 그것이 모든 것을 지배하고 있다는 사실을 알아차리지 못합니다.

자의식, 시기, 불안, 초조, 집착, 대립 등의 온갖 번뇌가 모두 두려움입니다. 그리고 이러한 두려움을 가져오는 온갖 번뇌가 우리들의 삶에 고통을 가져옵니다. 고따마 붓다가 인생을 고해라고 했을 때, 그것은 바로 이것을 가리킨 말입니다. 물론 부처님은 생사(生死)의 문제를 가장 먼저 말씀하고 계시지만, 생사 역시 두려움이라는 인식에서 기인하는 것입니다. 그렇다면 우리들은 왜 두려움이라는 고통을 체감하지 못하고 있는 것일까요?

문제의 근본은 대부분의 사람들이 삶에서 고통스럽지 않은 상태가 어떤 것인지를 제대로 경험해 보지 않았기 때문입니다. 자신이 얼마나 고통스러운지조차 모르는 데 있습니다. 이것을 이해하기 위해서, 그대와 주변의 어느 누구도 건강해 본 적이 전혀 없었다면 어떨 지를 한번 상상해 보십시오. 모든 사람이 늘 중병을 앓고 있어서 병상을 떠나본 적이 없다, 이런 세상에서는 병상 곁에서 할 수 있는 일 말고는 어떤 일도 할 수 없다, 그렇다면 사람들은 그 밖의 일은 전혀 모를 것입니다.

그들은 그저 몸을 끌고 다니는 데만 안간힘을 다 써야 하므로 건강과 활력이라는 개념을 도무지 이해할 수가 없을 것입니다. 이 두려움과 무서움이라는 고통을 종식시키려면 자신의 마음이 고통 속에서 편안하지 않다는 사실을 먼저 깨달아야 합니다. 다행히 그대가 명상에 관심을 가지고 있다는 것은 삶이 두려움이라는 고통 속에 있음을 이미 어느 정도 인식했고, 이제 거기에서 벗어나고자 하는 마음을 가지고 있다는 증거입니다.

그런데 여기서 중요한 것은 그대와 우리 모두가 기대하고 있는 '두려움이라는 고통이 없는 세계'는 '현상과 생각 저 너머'에 있다는 사실입니다. 그렇다고 현실적으로 지금 우리들이 살고 있는 이 지구를 떠나서 있는 곳은 아닙니다. 혹은 죽어서 다시 태어날 때 도달하는 어떤 장소도 아닙니다. 불교에서는 그곳의 이름을 '깨달음'이라고 합니다. 혹은 열반(涅槃, nirvāṇa)이라고 부르기도 합니다. 그런데 이 깨달음 혹은 열반이라는 것이 어떤 모양을 하고 있을까요?

위에서 노납은 『상윳따 니까야』 「도시경」을 통하여 고따마 붓다가 깨달음을 얻은 순간에 "비구들이여, 나에게는 '전에 들어본 적이 없는 법(法)들에 대한 눈[眼]이 생겼다, 지혜[智]가 생겼다, 통찰지[慧, paññā(반야)]가 생겼다, 명지[明]가 생겼다, 광명[光]이 생겼다.'"라고 말씀하셨음을 피력했습니다. 때문에 저는 「도시경」과 「초전법륜경」에서 공통적으로 밝히고 있는 '법(法)들에 대한 눈[眼]·지혜[智]·통찰지[慧, paññā(반야)]·명지[明]·광명[光]이 생겼다.'라는 다섯 가지가 법(法. 진리)들에 대한 깨달음의 모양[覺相]이라고 생각합니다.

물론 『잡아함경』 12권의 「인연경」에서 설하고 있는 "모든 법은 법이 머무름[法住], 법이 공[法空], 법이 여여[法如], 법이 그러함[法爾]이다."에서의 '법이 머무름[法住]부터 법이 그러함[法爾]'까지의 네 가지 역시 법들에 대한 깨달음의 모양[覺相]이라고 생각합니다.

또한 대승불교 경전인 『방광대장엄경』 「제9권」에서 깨달음에 대하여 기술하고 있는 "보살은 후야(後夜)에 이르러 명성(明星)이 반짝일 때에 불(佛)·세존(世尊)·조어(調御)·장부(丈夫)의 성스러운 지(智)와 알 바·얻을 바·깨달을 바·볼 바·증득할 바의 일체에 일념으로 상응하는 혜(慧)로써 아뇩다라삼먁삼보리를 증득하여 등정각(等正覺)을 이루고 삼명(三明)이 구족하게 되었다."에서의 '지(智)로부터 혜(慧)'까지의 일곱 가지도 깨달음의 모양의 표현이라고 생각합니다.

그런데 현재 해인사 장경각에 있는 대승경전의 3분의 1을 차지하고 있는 모든 「반야경」의 주제(主題)에 해당하는 어휘는 반야바라밀(般若波羅蜜)입니다. 즉 「반야경」을 비롯한 모든 대승경전은 고따마 붓다의 연기라는 깨달음의 모양을 반야바라밀이라는 어휘로 정착하고 있습니다. 무슨 까닭에 초기불전에서 설하고 있는 눈[眼]·지혜[智]·통찰지[慧, paññā(반야)]·명지[明]·광명[光]이 대승경전에서는 반야바라밀(paññā, Sk, prajñā)이라는 한 개의 어휘로 통일되어 정착한 것일까요?

중국불교에서 혜(慧)로 번역한 빨리어는 빤냐(paññā)입니다. 그러나 실질적으로 대승불교 경전의 번역으로 걸음마를 시작한 중국에서는 빤냐를 산스끄리뜨어 쁘라즈냐(prajñā)로 받아들이고, 반야(般若)라는 어휘로 음역(音譯)하여 오늘의 우리나라 불교에까지 이르고 있습니다. 여기서 빤냐와 쁘라즈냐의 어의(語義)에 관하여 살펴볼 필요가 있겠습니다.

빤냐는 우리들이 사물이나 사건을 그냥 피상적으로 알듯이 이해하는 것이 아니고, 인식하는 모든 대상을 분별해서 알거나 뭉뚱그려 아는 것을 넘어서 저 너머로 더 나아가서 아는 것을 뜻합니다. 때문에 대승불교의 입장에서 빤냐는 쁘라즈냐(般若)의 가장 초보적인 의미로 자리매김하고 있습니다. 즉 빨리어 빤냐(paññā) 의 의미를 두고 초기불교와 대승불교는 깨달음의 내용에 심천(深 淺)을 두고, 프라즈냐가 더 높은 깨달음이라고 생각한 것입니다.

쁘라즈냐는 꿰뚫음 혹은 통찰의 의미를 지니고 있는데, 『청정 도론』에는 "쁘라즈냐의 특징, 역할, 나타남, 가까운 원인은 무엇인 가? 쁘라즈냐의 특징은 법의 고유성질을 통찰하는 것이다. 그것의 역할은 법의 고유성질을 덮어버리는, 어리석음의 어둠을 쓸어버 리는 것이다. 쁘라즈냐는 미혹하지 않음으로 나타난다. 쁘라즈냐 의 가까운 원인은 삼매다. 삼매를 잘 닦는 자는 있는 그대로 알고 본다."라고 설시하고 있습니다. 삼매를 잘 닦아서 여실지견(如實知 見)의 경지에 도달한 깨달음이 쁘라즈냐라는 것입니다.

또한 『상윳따 니까야』 「꼬띠가마경 1(S56:21)」에는 "비구들이 여, 네 가지 성스러운 진리를 깨닫지 못하고 꿰뚫지 못하였기 때 문에, 나와 그대들은 이처럼 긴 세월을 [이곳에서 저곳으로] 치달 리고 윤회하였다."라고 설하고 있는데, 이는 초기불전에서는 꿰뚫 지 못하는 것을 무명이라고 말하는 것과 맥락을 같이하고 있습니 다. 그러나 이 경우에 반대로 꿰뚫는 것을 명지(vijjā, 明)로 정리하 고 있습니다. 즉 쁘라즈냐는 빤냐와 명지(vijjā)가 합쳐진 의미라고 할 수 있을 것 같습니다.

현상 저 너머를 보라

　특정 종교인이 아니더라도 인간은 죄인이고 무지와 죄악의 결정인 듯 말하는 사람들이 많습니다. 그러나 위에서 살펴본 쁘라즈냐의 지혜에 의하면 인간은 불성(佛性)의 완전한 구현자입니다. 자신 속에 무한의 기회와 덕성을 지니고 있다는 말입니다. 그런데도 우리들은 자신의 진실한 모습을 깨닫지 못하고 범부로 자처하며 육신을 자신으로 삼고 있습니다. 그리고 수시로 바뀌는 생각의 움직임을 마음이라 합니다. 이렇게 육신과 생각을 자신이라고 여기는 것을 미혹(迷惑)이라고 합니다. 이 미혹이 현상 저 너머를 보지 못하게 합니다.

　만약 그대와 우리 모두가 이와 같은 미혹을 버린다면 언제나 쁘라즈냐라는 부처님의 지혜에 인도되고 자비하신 위신력의 가호를 받게 됩니다. 인간이라는 우리들 존재는 고따마 붓다가 깨달은 쁘라즈냐의 진리를 실현하시는 데 있어 중요한 존재입니다. 우리들 스스로가 그릇된 미혹의 집착만 버린다면 쁘라즈냐의 완전한 힘이 우리 생명력에 솟아나는 것입니다. 앞에서 네 가지 성스러운 진리를 깨닫지 못하고 꿰뚫지 못하는 것을 무명(無明)이라 한다는 말씀을 드렸습니다.

　무엇이 무명일까요? 무엇이 우리를 어둡게 만드는 것일까요? 진리의 태양은 찬란히 빛나고 있건만 무엇이 우리를 어둡게 만들까요? 그것은 바로 집착이라는 미혹의 구름, 미혹의 동굴 속에 들어가 있기 때문입니다. 미혹의 동굴, 미혹의 구름이라고 하는 것은 육신을 자기 자신으로 삼고 생각을 자기 마음이라 여겨 육신과 생각이 자기라고 여기는 것입니다. 『원각경(圓覺經)』「문수보살장」에도 이 말이 나옵니다. "무엇이 무명이냐? 육체로서 자기 몸을 삼고 생각의 그림자로서 자기 마음을 삼는다. 그래서 거기에 현혹되어 범부가 된다. 그래서 자기 본래의 밝은 광명을 잃어버린다."라고 일깨워 주고 있습니다.

우리들은 이 몸을 가지고 살고 이 세간 물질을 가지고 살고 이 생각을 움직여서 살고 있으나 이것은 뜬구름과 같은 것입니다. 참으로 있는 것은, 내가 호흡하고 말하고 생각하고 살아가고 있는 '이것'은, 내 눈에 보이지 않는다 하더라도 의심할 수 없습니다. '이것'이 참으로 있는 쁘라즈냐입니다. 그렇게 바르게 알아 육체와 물질과 감각경계에 매여 있는 것으로부터 벗어나야 합니다. 현상과 생각 저 너머로 가야 합니다. 쁘라즈냐의 자리에 가야 합니다.

앞에서 "대승불교는 깨달음의 내용에 심천(深淺)을 두고, 쁘라즈냐가 빤냐보다 더 높은 깨달음이라고 생각했다."라고 언급했습니다. 「반야경」은 쁘라즈냐를 반야바라밀(般若波羅蜜)로 음역했습니다. 우리말로 다시 번역하면 '지혜의 완성'입니다. 고따마 붓다가 연기의 이법을 사유하고 관찰하다가 모자람이 없는 완전한 지혜가 생겼다는 것입니다. 그러다보니 「반야경」에서는 반야바라밀을 초기불교에서 설하고 있는 빤냐를 훨씬 뛰어넘는 의미의 어휘로 재탄생하게 되었습니다.

『대품반야경』「법칭품 제37」에는 이러한 사실을 다음과 같이 설시하고 있습니다.

"세존이시여, 반야바라밀은 큰 공덕을 성취합니다. 반야바라밀은 일체 공덕을 성취합니다. 세존이시여, 반야바라밀은 한량없는 공덕을 성취하고, 가없는 공덕을 성취하며, 비교할 수 없는 공덕을 성취합니다.

왜냐하면 반야바라밀이 바로 부처님이며, 반야바라밀은 부처님과 다르지 않고 부처님은 반야바라밀과 다르지 않으며, 과거 · 미래 · 현재의 모든 부처님은 모두가 반야바라밀을 배워서 아뇩다라삼먁삼보리를 얻었기 때문이다."

『대품반야경』「조명품(照明品) 제40」에는 아래와 같이 설시하고 있습니다.

"'세존이시여, 반야바라밀은 능히 모든 것[一切法]을 비추니, 본래 청정 자체[畢竟淨]이기 때문입니다. 반야바라밀은 모든 어두움을 없애니, 일체의 번뇌와 온갖 소견을 없애기 때문입니다. 반야바라밀은 편안하고 조용하니, 능히 일체의 두려움과 고뇌를 끊었기 때문입니다. 반야바라밀은 도와주는 이가 없는 사람의 보호자가 되니, 온갖 진귀한 보배를 베풀기 때문입니다. 세존이시여, 어떻게 반야바라밀을 공양해야 하겠습니까?'

부처님께서 말씀하셨다. '세존을 공양하듯이 해야 한다. 반야바라밀 예배하기를 마땅히 세존을 예배하듯이 해야 한다. 왜냐하면 세존은 반야바라밀과 다르지 않고 반야바라밀은 세존과 다르지 않으며, 세존이 바로 반야바라밀이고 반야바라밀이 바로 세존이기 때문이다."

『대품반야경』「법칭품(法稱品) 제37」과 「조명품(照明品) 제40」에서 밝히고 있는 반야바라밀은 깨달음의 높은 층이라기보다 거의 절대적 능력을 가진 인격화(人格化)된 부처님이고 세존으로 표현되고 있음을 알 수 있습니다. 때문에 반야바라밀은 인격체처럼 일체 공덕, 한량없는 공덕, 가없는 공덕, 비교할 수 없는 공덕을 성취하는 것입니다. 또한 반야바라밀은 일체의 번뇌와 온갖 소견이라는 모든 어두움을 없애 줍니다. 그리고 반야바라밀은 능히 일체의 두려움과 고뇌를 끊었기 때문에 편안하고 조용하고, 반야바라밀은 도와주는 이가 없는 사람의 보호자가 되어 온갖 진귀한 보배를 베풀기도 합니다.

여기서 우리들은 「반야경」에서의 반야바라밀은 『상윳따 니까야』「도시경」에서 깨달음의 모양으로 표현하고 있는 빤냐와는 완전히 다른 진리 그 자체가 되어 있음을 간파할 수 있습니다. 깨달음의 여러 모양 가운데의 하나가 아니라 깨달음 그 자체가 되어 있음을 보게 됩니다.

노납은 머리말을 대신한 '저 너머를 본다는 말'에서 『화엄경』의 "부처님은 사람들이 지고 있는 무거운 짐을 대신 맡아 준다."라는 내용을 언급했습니다. 마찬가지로 「반야경」에서 설하고 있는 반야바라밀은 그대와 우리 모두가 지고 있는 무거운 짐인 모든 어두움과 일체의 번뇌와 온갖 소견을 없애고, 도와주는 이가 없는 사람의 보호자가 되어 온갖 진귀한 보배를 베풀어 우리들로 하여금 현상과 생각 저 너머로 인도합니다.

위에서 반야바라밀의 어의(語義)를 우리말로 다시 번역하면 '지혜의 완성'이라고 말씀드렸습니다만, 그러나 완성이라고 하는 것은 직선적인 사고(思考)입니다. 그래서 사물을 직선적으로 고찰하면 완성한 뒤에는 어떻게 될까 하는 문제가 생깁니다. 가령 하나의 문명이 완성된다면 그 문명은 그 뒤에 어떻게 될 것인가? 완성되었다면 거기에는 진보는 없게 됩니다. 이러한 사정은 개인의 완성일 경우에도 마찬가지일 것입니다. 발전이 멈춘 사람의 생활은 가령 완성되었다 해도 퇴보한 것이라 할 수 있습니다.

이렇게 '완성'을 직선적으로 고찰하면, 자기를 부정하는 계기가 그 가운데로부터 나오게 됩니다. 이처럼 바라밀을 직선적인 완성이라고 이해하면 모순에 떨어지기 때문에, 바라밀은 완성의 의미이긴 하지만, 그러나 완성 그대로 어디까지라도 나아가는 것 같은 '완성이 없는 완성'이라고 생각하지 않으면 안 됩니다. 여기에서 무한히 향상되어 가는 원상(圓相)을 순환하는 것 같은 수행이 생기게 됩니다. 바라밀을 『대지도론』에서는 '저 언덕에 도달하는 것[到彼岸]'이라고 번역하고 있습니다. 이러한 번역이 나타난 것도 '완성(完成)'이라는 번역에 만족하지 못한 때문이 아닌가 생각됩니다. 깨달음의 세계를 '저 언덕[彼岸]'이라고 부르는 것은 초기 불교에서도 말해지고 있었습니다.

이처럼 미혹의 차안(此岸)에서 깨달음의 피안으로 수행에 의해서 건넌다는 생각은 전부터 있었다고 여겨집니다. 현상과 생각 저 너머로 간다는 것도 저 언덕 너머로 간다는 말과 다르지 않습니다. 그러나 그렇다고 해서 다른 특별한 장소로 넘어가는 것이 아니라, 현상과 생각 저 너머가 곧 반야바라밀인 것을 놓쳐서는 안 되는 것입니다.

「초전법륜경」 마지막 부분에, "꼰단냐 존자에게는 '일어나는 법이 곧 소멸하는 법이다[集法卽滅法]'라는 티 없고 때가 없는 법의 눈[法眼]이 생겼다."라고 설하고 있습니다. 그러나 『남전대장경』의 해당 구절에서는 "일어나는 법은 그 무엇이건 모두 소멸하기 마련인 법이다[集法卽滅法]."라고 번역하고 있고, 한국에서 번역한 『니까야』에도 같은 의미로 번역하고 있습니다. 그런데도 필자가 이 문제를 들고 나온 이유는 『남전대장경』의 번역이 옳지 않다는 생각이 있기 때문입니다.

　물론 빨리어에 관해서는 문외한(門外漢)인 제가 빨리어 번역을 두고 왈가왈부하는 것은 주제넘은 짓이라고 생각합니다만, 노납이 이런 주장을 하는 이유는 대승불교의 공사상과 선불교(禪佛敎)에 바탕을 두고 보았을 때는 '일어나는 법이 곧 소멸하는 법'이라는 번역이 옳다는 생각이 들기 때문입니다. 가령 『원각경』에서는 "일체 장애가 구경각이니[一切障礙卽究竟覺], 얻는 생각 잃는 생각 모두가 해탈 아님이 없다[得念失念無非解脫]."라고 설하고 있습니다. 즉 일체 장애가 바로 궁극적인 깨달음의 자리 바로 그것이라는 말입니다.

　또한 『유마경』「입불이법문품」에는 "선(善)과 불선(不善)이 둘이 아니고, 생사(生死)와 열반(涅槃)이 둘이 아니다."라고 설하고 있으며, 혜능 조사는 "범부가 곧 부처요, 번뇌가 곧 보리[凡夫卽佛 煩惱卽菩提]"라고 말하셨습니다. 여기서 무엇보다 중요한 것은 이 둘이 아닌 상황은 범부에서 본 것이 아니고, 깨닫고 보니 생사와 열반이 둘이 아니고 번뇌와 보리가 둘이 아니더라는 사실입니다. 이렇게 보면 깨달음을 증득한 꼰단냐 존자는 '집성제(集聖帝)가 곧 멸성제(滅聖帝)'임을 보고 아라한이 되었음을 알 수 있는 것입니다.

연기와 공

「반야경」과 신비주의

고따마 붓다의 직접 가르침을 따라 수행자가 되던 최초기의 불교로부터, 출가승(出家僧) 중에는 명상에 열심인 사람과 지식의 추구에 열심인 사람이 있었던 것으로 생각됩니다. 그 중 뒷날 고따마 붓다의 가르침을 정리 분석하여 아비달마의 체계를 조직한 사람들은 지식의 추구에 열정을 지닌 냉정하며 이지적인 합리주의자였을 것입니다. 그러한 학문이 승원 안에서 점차 발전함에 따라 이에 반발하는 사람들도 나타났습니다. 이 사람들은 불교의 진의는 지적인 분석에 의해서가 아니라, 깊은 명상에 의해서만 얻어지는 것이라고 생각하였습니다. 이러한 소위 신비주의 수행자들이 반야경전의 중요한 제작자의 일부가 되었을 것입니다.

후기의 반야경전에서는 명상이 조직적으로 상세히 기술되지만, 초기의 반야경전에서는 공의 명상[空] · 표지가 없는 명상[無相] · 원할 바가 없는 명상[無願]이라는 3종의 명상이 구별되었을 뿐입니다. 명상은 신비주의 수행자들에게 있어서 진실의 세계를 찾고자 하는 유일한 참된 방법으로 인식되었습니다. 때문에 「반야경」의 신비가들은 명상을 생활화합니다. 어떤 대상에 주의를 집중하여 명상하고 있으면 그 이름, 그 형태는 소멸합니다. 그래서 인식하는 낱낱 대상의 형상이 소멸하고 사유한 것, 지각한 것, 언어, 의식이 소멸된 후 최후까지 남아 있는 것, 그것이 진실이고 사물의 본성이라는 것입니다.

그리고 이 최후까지 남아 있는 최고의 진실인 이것은 생기지도 않으며 소멸하지도 않으며, 오고 가지도 않으며, 만들어진 것도 아니며, 변화하지도 않는다는 것입니다. 어떠한 형태로도 현상하지 않으며, 시간적으로도 공간적으로도 무한·무변이다, 그것은 모든 한정을 떠나 적정하며 고독하며 청정하다는 것입니다. 그렇지만 그들은 자신들이 체험한 신비적 직관의 체험 내용을 그것이 무엇인가라는 형태로 제시하기보다는 '무엇이 아닌가?'라는 형태로 간접적인 암시를 하고 있습니다.

물론 '있는 그대로의 진상', '맑고 빛나는 마음', '사물은 본래 청정하다' 등의 몇 구절은 적극적 표현으로 말할 수 있겠지만, 대부분은 부정적이고 간접적인 어휘로 되어 있습니다. 이들이 표현하는 언어 중에 "생기는 것도 소멸되는 것도 아니다, 생기하는 것도 소멸되는 것도 아니다."라는 방식이 있습니다.

그런데 이러한 표현방법은 "가지도 않으며 오지도 않는다, 동일하지도 않으며 다르지도 않다."라는 등의 표현과 함께 「반야경」에 빈번하게 나오는 말이기도 합니다. 그것은 대립하는 언어의 어느 쪽에 의해서도 표현되지 않는 것, 즉 언어일반을 초월한 세계를 가리키고 있습니다. 이와 같은 「반야경」의 신비가 발견한 최고의 진실 중의 하나가 공(空)이라고 그들은 밝히고 있습니다.

공(空)이란 무엇인가?

반야경전의 신비주의 수행자들은 그들이 발견한 사물의 본성을 공이라고 밝히고 있는데, 그렇다면 공이란 무엇일까요? 공(空)이란 산스끄리뜨어 수냐(śūnya)를 번역한 말입니다. 공이라는 말 외에도 모든 존재의 본성이 공(空)이라는 입장에서 공성(空性, śūnyatā)이라는 말을 사용하기도 합니다. 공의 산스끄리뜨어 수냐는 수학(數學)의 0(零, zero)을 의미하는 말이기 때문에, 공에는 무(無)의 의미가 내포되어 있습니다. 따라서 공이란 일체의 현상적 존재는 '없다'라는 의미를 가지고 있고, 모든 형태로 생각되고 예상되는 일체의 실체적인 것을 모두 부정하는 것이라고 생각할 수도 있습니다.

대승불교 8종(八宗)의 조사로 추앙받고 있는 나가르주나(Nāgārjuna, 龍樹; 150~250) 보살의 대표적인 저서 『중론(中論)』은, 한마디로 말하면 「반야경」의 신비(神祕)가 발견한 최고의 진실에 입각하여 설일체유부의 구별의 철학을 비판한 문헌입니다. 나가르주나는 공의 모양[空相]을 『중론(中論)』의 첫머리에 있는 예배의 노래[歸敬偈]에서 "소멸되지도 않고 생기하지도 않으며, 단절되지도 않고 항상되지도 않으며, 단일하지도 않고 복수도 아니며, 오지도 않고 가지도 않는다."라고 말하고 있습니다. 그러나 여기에서 분명히 하지 않으면 안 될 것은 공의 모양이 일체의 실체적인 것을 부정한다고 해서, 이것을 일종의 허무(虛無)와 같은 것으로 생각해서는 안 된다는 것입니다. 대승불교 특히「반야경」의 핵심인 공은 단순한 부정이 아닙니다.

이 공은 부정만으로 그치지 않고 절대적인 긍정(肯定)으로 전향됩니다. 다시 말하면 부정이 부정으로서 끝나는 한 그것은 우리들에게 아무 것도 줄 수가 없습니다. 거기에는 오직 정지(靜止)가 있을 뿐이며, 판단의 단절과 침묵이 있을 따름입니다. 그러나 공은 우리들에게 모든 집착을 던진 진정한 자유와 해방을 가져다줄 뿐만 아니라, 공의 체득에 의하여 삶의 진정한 의미를 발견할 수가 있게 됩니다.

이러한 뜻에서 그대와 우리들은 무엇보다 먼저 공의 올바른 이해가 있어야 합니다. 다시 말하면 '공이란 없다'는 의미를 가지고 있다고 해서, 이것을 '있다[有]'와 '없다[無]'라는 두 측면에서 생각하여 '있다'의 반대개념인 '없다'라는 것을 가지고 공(空)을 파악해서는 안 된다는 것입니다. 우리들이 공의 개념을 파악함에 있어서 봉착하게 되는 일차적인 어려움이 바로 여기에 있습니다. 왜냐하면 사람들은 매사에 어떤 대상을 설정해 두고 그것을 붙잡고 유무(有無)를 따지고, 그래서 생각으로 붙잡고 있는 그 대상이 인식되면 '있다'고 하고 인식되지 않으면 '없다'고 말하기 때문입니다.

그렇지만 지금 살펴본 것처럼, 붙잡고 있는 어떤 대상이나 존재가 처음부터 없을 때는 있다·없다 하는 관념이 생기지 않는 상태에 놓이게 되는 경우가 있을 수 있습니다. 그런데 사람들은 이러한 때도 '없다'라고 말합니다. 그렇지만 인간에게는 이러한 '있다' '없다'라는 관념이 있을 수 없는 상태의 '없음'이 있을 수 있습니다. 그러나 이 '있다' '없다'라는 관념이 있을 수 없는 상태의 '없음'을 인식하는 것은 쉬운 일이 아닙니다. 왜냐하면 사람들은 언어(言語)라는 실체가 없는 허상(虛像)을 가정해 놓고, 그 허구성 속에서 살고 있기 때문입니다.

가령 똑같은 '없다'라는 표현이지만 어떤 존재를 붙잡고 그 유무를 따져서 '없다'고 하는가 하면, 존재나 대상의 관념이 끊어진 상태도 '없다'고 말하는 것입니다. 그래서 이러한 언어의 허구성 속에서 사람들은 일상생활을 통해서 일체의 존재나 대상을 유무(有無)의 상태로만 받아들이고, 따라서 유무를 초월한 세계를 쉽게 경험할 수 없기 때문에 '없다'고 하면 유(有)의 반대개념인 무(無)만을 생각하게 되고, 그 반대인 경우도 있게 됩니다.

그런데 인간에게는 이 '있다' '없다'라는 관념이 있을 수 없는 상태의 '없음'을 경험하고 체득할 수 있는 능력이 주어져 있습니다. 「반야경」의 신비가들이 명상으로 발견한 공은 그들에게 이러한 능력이 본래부터 있었다는 것을 말해 줍니다. 그리고 이 경험하고 체득하는 일은 인식하는 것이 아니라, '있다' '없다'라는 관념이 있을 수 없는 상태의 '없음'을 보는 것입니다. 이러한 '있다' '없다'라는 관념이 있을 수 없는 상태의 '없음'을 '공(空)'이라고 말하고, 이 공을 본 것을 견성(見性)이라고 합니다.

그렇다고 하여 '공'이라는 말이 「반야경」에서 처음으로 나타난 어휘는 아닙니다. 이미 『아함경』이나 『니까야』에서도 나타나고 있습니다. 가령 『맛지마 니까야』「공에 대한 작은 경」에서는 아래와 같이 설하고 있습니다.

[아난다가 어느 때 세존께서 '아난다여, 나는 요즈음 자주 공(空)에 든다'라는 법문을 기억하고, "제가 올바로 기억하고 있습니까?"라고 부처님께 여쭈니], 세존께서 이렇게 말씀하셨다.

"아난다여, 그렇다. 그대는 그것을 올바로 듣고 올바로 파악하고 올바로 정신을 기울여 잘 기억한 것이다. 아난다여, 이전에도 지금도 나는 자주 공에 든다. 예를 들면 이 미가라마뚜 강당과 같다. 이 미가라마뚜 강당에는 코끼리들, 소들, 말들, 암말들도 공하고 금이나 은도 공하고 여자나 남자들의 모임도 공하다.

그러나 단지 공하지 않는 것[不空]이 있다. 즉 수행자들의 참모임을 조건으로 하는 유일한 것이다. 그들은 거기에 없는 것을 공이라고 여긴다. 하지만 거기에 남아 있는 것은 있으므로 '이것은 있다'라고 분명히 안다. 그러므로 아난다여, 이것은 그들에게 진실하고 전도되지 않고 청정한 공이 현현(顯現)된 것으로 나타난다."

– 전재성 역주, 『맛지마 니까야』 제5권

「공에 대한 작은 경」에서 세존께서 말씀하신 "이전에도 지금도 나는 자주 공에 든다."라는 법문을, 주석에서는 "열반의 공적(空的)인 양상에 초점을 맞춘 '공의 경지의 성취'"라고 설명하고 있습니다. 초기 경전인 『니까야』와 『아함경』은 이렇게 '공에 든다'라는 표현을 하고 있는데, 이 경우의 공을 사물의 의존성[緣起]이라고 말하고 있습니다. 그리고 금이나 은, 여자나 남자들을 비롯한 모든 존재가 청정한 '공이 현현(顯現)한 것'이라는 법문에서 공이 곧 현상 저 너머라는 사실도 확인할 수 있습니다.

연기와 공의 상관관계

지금까지 『중론』과 「반야경」에 나타나는 공사상을 통하여 공의 의미를 살펴보았습니다만, 『중론』의 다음과 같은 '예배의 노래[歸敬偈]' 전체에는 공과는 거리가 있는 듯이 생각할 수 있는 중요한 사항이 함께하고 있습니다.

> 소멸되지도 않고 생기하지도 않으며[不生亦不滅],
> 단절되지도 않고 항상되지도 않으며[不常亦不斷],
> 단일하지도 않고 복수도 아니며[不一亦不異],
> 오지도 않고 가지도 않는[不來亦不出],
> 너무나 잘 의존성[緣起]을 설하시는[能說是因緣],
> 훌륭하게 언어의 허구를 초월하여[善滅諸戲論],

저는 머리 조아려 예배합니다[我稽首禮佛],

그 설법자 중 가장 위대한 분에게[諸說中第一].

이 '예배의 노래'는 『중론』 전체의 요지라고 할 수 있을 것입니다. 나가르주나는 이 '예배의 노래'에서 "의존성[緣起]을 설하시는 부처님께 예배한다."라고 말하고 있는데, 이러한 사실은 불교사상사(佛敎思想史)에서 볼 때 아주 중요한 의미를 가지고 있습니다. 왜냐하면 대부분의 불자(佛子)들은 『중론』이라고 하면, 먼저 「반야경」의 공사상(空思想)과 중론(中論)을 연상하는 것이 보통이기 때문입니다. 때문에 『중론』이 연기(緣起)를 중심 문제로 다루고 있다는 사실에 대하여 놀랄 수도 있을 것입니다. 뿐만 아니라, 『중론』의 마지막 게송인 제27장 「관사견품(觀邪見品)」의 제30송은 이렇게 말하고 있습니다.

대성왕이신 고따마(부처님)는[瞿曇大聖王]

연민의 마음으로 이 법을 설하시어[憐愍說是法],

(잘못된) 견해를 모두 끊어 주셨으니[悉斷一切見],

저는 이제 머리 조아려 예배합니다[我今稽首禮].

이 게송에 대하여 찬드라키르티는 주석에서 "불멸·불생·부단·불상·불일·불이·불래·불출이고, 훌륭하게 언어의 허구를 초월하여 올바른 진리를, 연기라는 이름으로 설해 주신 분, 그 위없고 둘도 없는 스승에게 저는 예배합니다."라고 말하고 있습니다. 즉 찬드라키르티에 의하면 올바른 진리란 연기를 가리킨 것이 됩니다. 여기서 우리들은 위에서 살펴본 공과 지금 다루고자 하는 연기의 상관관계를 고찰해 볼 필요성을 가지게 됩니다.

연기란 말할 것도 없이 모든 사물과 존재는 많은 원인·조건에 연유하여 생긴다는 의론으로 고따마 붓다께서 붓다가야의 보리수 아래에서 수행한 명상에서 얻은 진리입니다. 그러나 나가르주나는 연기라는 이 의존성의 진리를 공의 사상과 떼려야 뗄 수 없는 것으로 결부시켰습니다. 『중론』 제24장 「관사제품(觀四諦品)」의 제18~19송은 이렇게 말하고 있습니다.

온갖 연기하고 있는 것[衆因緣生法],
우리는 그것을 공성이라고 한다[我說卽是無].
그것은 상대를 기다리는 가명이며[亦爲是假名],
그것은 곧 중도의 의미이다[亦是中道義].

어떠한 것이라도[未曾有一法]
연기하지 않고 생하는 것은 아무 것도 없다[不從因緣生].
때문에 실로 어떠한 것이라도[是故一切法]
공이 아닌 것은 존재하지 않는다[無不是空者].

"온갖 연기하고 있는 것, 그것을 공[空性]이라 한다."라는 『중론』의 사상은 초기불교에서도 부파불교에서도 명확히 존재하지 않았던 독창적인 것입니다. 또한 "그것은 가명이며 곧 중도의 의미이다."라는 구절도 연기를 설하는 「도시경」에는 없는 말입니다. 그렇지만 이러한 사상은 나가르주나의 신발견이라고는 할 수 없을 것입니다. 왜냐하면 나가르주나는 「반야경」의 철학자들이 신비적 직관으로 얻은 공을 단지 계승하여 발전시키고 있을 뿐이기 때문입니다.

나가르주나는 공[空性]을 비존재의 의미가 아니라 연기의 의미라고 주장합니다[제18송의 '우리는 그것을 공성이라고 한다(我說卽是無)'라는 말에서 한역은 무(無)이지만, 산스끄리뜨 본에 śūnyatā(空性)로 되어 있음]. 그는 연기와 공을 동일한 의미로 간주하고 있습니다. 따라서 연기의 의론에서 합리성이 담보되어 있던 연기가 비합리적이라고 비난받던 신비적 직관인 공과 동일시됨으로써 외부로부터 많은 비난을 받게 됩니다. 즉 같은 시대에 외부[반대파]로부터 허무론자로 오인받기도 합니다. 왜냐하면 공에 대한 앎은 신비적인 것이기 때문입니다. 『중론』 제24장 「관사제품」의 제36송은 이렇게 말하고 있습니다.

> 그대가 연기와 공성을 파괴하면[汝破一切法]
> 모든 연기공의 의미를 [파괴함이니][諸(因緣空義)]

곧 세간의 언어습관을 파괴하고[則破於世俗]

나머지 모든 것 파괴함이다[諸余所有法].

이 게송에는 '연기공[인연공]'이라는 용어가 있는데, 찬드라키르티의 주석에 의하면 이 말은 '연기를 특징으로 하는 공' 혹은 '일체법의 연기를 특징으로 하는 자성공'이라는 의미라고 합니다. 즉 연기공이라는 공의(空義)가 연기의 의미라는 것으로, 연기와 공을 하나의 용어로 표현한 것이라고 생각할 수 있습니다. 이처럼 나가르주나의 입장에서는 공이 곧 연기의 의미이기 때문에 반대파가 중관학파를 허무론자로 간주하는 것은 타당하지 않다고 봅니다.

최고의 진실인 공을 항상 부정적 또는 역설적인 표현으로만 언급하는 것은 아닙니다. 그러한 표현이 압도적으로 다수인 것은 사실이지만, 반야경전 중에도 여러 군데 적극적인 표현으로 최고의 진실을 언급하는 부분이 여럿 있습니다. 그 중 하나가 사물의 있는 그대로의 모습, 사물의 진상[如性; tathatā]이라고 하는 것입니다. 물(物)의 진상, 심(心)의 진상, 세계의 진상, 성문의 진상, 독각의 진상, 보살의 진상, 이들은 모두 여래(如來)의 진상과 동등하다는 것입니다. 이들은 실은 유일한 진상이며 법계(法界)입니다. 여래는 이 진상을 깨닫고 있기 때문에 여래로 불리는 것입니다.

그렇다면 적극적으로 최고의 진실인 공을 표현하는 말은 없는 것일까요? 『대품반야경』 「탄정품」에는 일체의 것은 '본래 완전히 청정하다'라는 표현과 "반야바라밀이 청정하기 때문에 이 청정함을 밝다고 한다."라고 설하여 '마음[반야바라밀]은 본래 맑게 빛나고 있다'라는 표현이 있습니다. 사물과 마음이 구별되지 않는 최고의 실재의 세계에서는 이 둘의 표현은 동일합니다. 맑게 빛나는 마음(prabhāsvaraṃ cittam), 마음의 맑고 빛남(cittasya prabhāsvartā)이라는 표현이 특히 주목됩니다.

그러나 맑게 빛나는 마음을 단지 공성(空性)의 동의어라고 하지 않습니다. 이를 최고의 존재, 진실의 존재로 강조한다면 그것은 마음을 세계의 근원으로 삼은 유식파의 관념론에 통합니다. 그리고 그것을 청정하며 빛나는 본성으로 보는 경향은 모든 사람들에게 불성이 본래 갖추어져 있다고 생각하는 사상[一切衆生 悉有佛性]의 토대가 되었다는 생각도 가지게 됩니다.

중도 中道

『초전법륜경』의 중도

노납은 위에서 『상윳따 니까야』「도시경」의 깨달음을 살펴보는 가운데, 경의 내용이 고따마 붓다가 초전법륜에서 설한 내용의 원형에 가까운 것을 밝힌 바가 있습니다. 초전법륜의 내용을 담고 있는 경은 율장으로 전해지고 있는 『남전대장경』의 「초전법륜경 1」

「대품수계 제1」을 비롯하여 여러 종류가 있지만, 노납은 그 중『상윳따 니까야』「초전법륜경」을 일별(一瞥)하고 「도시경」과 「초전법륜경」의 내용을 비교해 봤습니다. 그 결과 「도시경」에는 없는 내용이 「초전법륜경」에서는 나타나는 것이 두 가지 있었습니다. 첫째는 "여래는 중도(中道)를 완전하게 깨달았다."라는 구절이고, 둘째는 "여덟 가지 구성요소를 가진 성스러운 도[八支聖道]가 중도이다."라는 것이었습니다.

먼저 「초전법륜경」에서 처음 나타나는 '중도(中道)'에 관하여 살펴보겠습니다. 세존께서 5비구를 불러서 이렇게 말씀하십니다.

"비구들이여, 출가자가 가까이하지 않아야 할 두 가지 극단(極端)이 있다. 무엇이 둘인가? 그것은 저열하고 촌스럽고 범속하고 성스럽지 못하고 이익을 주지 못하는 감각적 욕망들에 대한 쾌락의 탐닉에 몰두하는 것과, 괴롭고 성스럽지 못하고 이익을 주지 못하는 자기 학대에 몰두하는 것이다. 비구들이여, 이러한 두 가지 극단을 의지하지 않고 여래는 중도(中道)를 완전하게 깨달았나니 [이 중도는] 안목을 만들고 지혜를 만들며, 고요함과 최상의 지혜와 바른 깨달음과 열반으로 인도한다."

초전법륜은 초기불교의 중요한 불교의 근본교리를 전부 설시하고 있습니다. 그러나 대승불교의 믿음 속에서『아함경』을 통하여 불교의 기본교리를 공부한 우리들은 초전법륜에서 설하고 있는 '중도(中道)'라는 어휘에 대하여 무척 생소함을 가질 수 있습니다. 왜냐하면 대승불교의 불자들은『잡아함경』「12권」에서 설시하고 있는『가전연경』을 통해서만 중도사상을 접할 수 있었을 뿐, 다른 곳에서는 찾아보기 어려웠기 때문입니다. 물론 대승불교의 선구경전(先驅經典)인「반야경」의 중심사상이 반야바라밀인 까닭에 공사상(空思想)과 연관하여 간접적으로 공부할 수는 있었겠지만, 초기불교의 교리로 중도를 공부한다는 것은 쉽지 않다는 말입니다.

여하튼 고따마 붓다가 초전법륜 때에 설한 내용에는, "두 가지 극단을 의지하지 않고 여래는 중도를 완전하게 깨달았다."라는 법문으로 '고따마 붓다의 깨달음의 내용'이 '중도(中道)라는 것'을 천명(闡明)하고 있습니다. 그리고 이 중도의 의미에 대하여 '감각적 욕망들에 대한 쾌락의 탐닉'과 '자기 학대'라는 두 가지 극단(極端)을 가까이하지 않는 행동이라고 설명하고 있습니다.

그런데 중도라는 두 가지 행위를 가까이하지 않고 삼가는 일은 어찌 보면 보통의 수행자가 가져야 할 아주 기본적이고도 간단한 형식처럼 여겨져서 가볍게 생각할 수도 있는 내용이기도 합니다. 그러나 고따마 붓다가 설하고 있는 가까이하고 집착하지 말라는 두 변은 이론적인 사항이 아니라 수행의 면에서 지켜야 할 실천적인 것으로 당시의 잘못된 수행풍토를 적나라하게 비판하고 있는 점에서 결코 가볍게 생각할 사항은 아닌 것입니다.

왜냐하면 경에서 예로 들고 있는 첫 번째 사항은 욕망에 탐착하는 욕락(欲樂) 즉 낙(樂)을 말한 것이고, 두 번째 사항은 고행에 집착하는 괴로움 즉 고(苦)를 말한 것이기 때문입니다.

또한 여기서 고와 낙을 말씀하신 것은 부처님 당시의 실정에 따라서 말한 것일 뿐, 중도의 의미는 이 범위를 훨씬 능가하고 있기 때문입니다. 즉 그 당시 수행자들의 상당수가 고행을 위주로 하는 고행주의자(苦行主義者)였습니다. 부처님을 따라서 최초로 출가한 다섯 비구도 세상의 향락을 버리고 고행을 해야만 해탈할 수 있다는 생각으로 수행하던 이들이었기 때문에, 부처님이 병에 따라 약을 주듯이 고와 낙을 예로 들어 "참으로 해탈하려면 고와 낙을 다 버려야 한다."라고 말씀하신 것입니다.

「깟짜나곳따경」의 중도

중도를 설하고 있는 두 번째 경으로 『상윳따 니까야』「깟짜나곳따경」이 있는데, 여기에서는 다음과 같이 설하고 있습니다.

깟짜나곳따 존자가 세존께 이렇게 여쭈었다.

"세존이시여, '바른 견해[正見], 바른 견해'라고들 합니다. 세존이시여, 바른 견해는 어떻게 해서 있게 됩니까?"

"깟짜야나여, 이 세상은 대부분 두 가지를 의지하고 있나니 그것은 있다는 관념과 없다는 관념이다.

깟짜야나여, 세상의 일어남[集]을 있는 그대로 바른 통찰지로 보는 자에게는 세상에 대해 없다[無]는 관념이 존재하지 않는다. 깟짜야나여, 세상의 소멸[滅]을 있는 그대로 바른 통찰지로 보는 자에게는 세상에 대해 있다[有]는 관념이 존재하지 않는다.

깟짜야나여, 세상은 대부분 [갈애와 사견으로 인해] 집착과 취착과 천착에 묶여 있다. 그러나 [바른 견해를 가진 성스러운 제자는] 마음이 머무는 곳이요, 천착하는 곳이요, 잠재하는 곳인 그러한 집착과 취착을 '나의 자아'라고 가까이하지 않고 취착하지 않고 고수하지 않는다. 그는 '단지 괴로움이 일어날 뿐이고, 단지 괴로움이 소멸할 뿐이다'라는 데 대해서 의심을 가지지 않고 의심하지 않는다. 여기에 대한 그의 지혜는 다른 사람을 의지하지 않는다. 깟짜야나여, 이렇게 해서 바른 견해가 있게 된다.

깟짜야나여, '모든 것은 있다'는 이것이 하나의 극단이고 '모든 것은 없다'는 이것이 두 번째 극단이다. 깟짜야나여, 이러한 양극단을 의지하지 않고 중(中)에 의해서 여래는 법을 설한다."

– 각묵 옮김, 『상윳따 니까야』 제2권

「깟짜나곳따경」은 위에서 '여덟 가지 구성요소를 가진 성스러운 도[八支聖道]'를 설명하는 항의 '바른 견해[正見]' 부분에서 한번 고찰한 바 있지만, 여기서는 다시 중도의 의미에 관해서 이 경전을 살펴보겠습니다. 깟짜나곳따 존자가 부처님께 "세존이시여, '바른 견해[正見], 바른 견해'라고들 합니다. 세존이시여, 바른 견해는 어떻게 해서 있게 됩니까?"라고 여쭈니, 부처님께서 "깟짜야나여, 이 세상은 대부분 두 가지를 의지하고 있나니 그것은 있다[有]는 관념과 없다[無]는 관념이다."라고 말씀하십니다.

이 세상의 모든 종교나 학문들은 그 무엇인가가 있다는 견해[有見]와 없다는 견해[無見]의 두 가지가 근본이 되어 있습니다. 가령 종교를 보면 유사 이래 인간들은 신(神)이 존재한다는 견해와 존재하지 않는다는 견해로 양분되어 있었고, 지금도 이러한 갈등은 계속되고 있습니다. 신뿐만 아닙니다. 모든 유형·무형의 상대적인 대상에 대한 가장 뿌리 깊고 근본적인 치우친 견해가 있다[有]와 없다[無]는 두 가지입니다. 때문에 유와 무가 완전히 해결되면 모든 상대적인 문제는 저절로 해결됩니다. 그래서 부처님께서 유와 무를 대표적으로 말씀하신 것입니다.

위에서 살펴본 초전법륜에서의 중도는 고(苦)와 낙(樂)을 말씀하셨는데, 그때는 다섯 비구가 너무 고행(苦行)에 집착하였기 때문에 양 극단으로서 고와 낙을 들었던 것입니다. 그러나 여기서는 종교나 학문 등에 있어서 바른 견해[正見]라는 총체적 근본문제를 깊이 있게 설명하기 위하여 세상의 모든 편견 가운데 대표적 견해인 유와 무를 거론한 것입니다. 경에서 이어지는 "집착과 취착을 '나의 자아'라고 가까이하지 않고 취착하지 않고 고수하지 않는다."라는 것은 양 극단을 여읜다는 의미[眞空]입니다. 또한 "그는

'단지 괴로움이 일어날 뿐이고, 단지 괴로움이 소멸할 뿐이다'라는 데 대해서 의심을 가지지 않고 의심하지 않는다."라는 것은 공한 가운데 묘하게 있음[妙有]을 말하고 있습니다.

　그리고 이 유와 무에 대하여 고따마 붓다는 "'모든 것은 있다.'라는 이것이 하나의 극단이고 '모든 것은 없다.'라는 이것이 두 번째 극단이다. 깟짜야나여, 이러한 양 극단을 의지하지 않고 중(中)에 의해서 여래는 법을 설한다."라고 말씀하십니다.

　모든 것이 있다는 견해, 즉 이 세상 모든 존재에는 어떤 실체가 있어서 영원히 존재한다는 생각은 세상 사람들의 편견이니 이것이 첫 번째의 극단이라는 것입니다. 또 모든 것이 없다는 견해, 즉 이 세상 모든 존재에는 어떠한 실체가 없어서 결국 소멸되어 버린다는 생각은 세상 사람들의 편견이니 이것이 두 번째의 극단이라는 것입니다. 그러므로 부처님은 존재에 영원성이 있다든가 없다든가 하는 양 극단을 떠나서 중도에 의하여 법을 설하시는 것입니다.

　그런데 여기에서 문제 하나가 발견됩니다. 「깟짜나곳따경」에서 설하고 있는 내용 가운데 마지막 구절인 "양 극단을 의지하지 않고 중(中)에 의해서 여래는 법을 설한다."라는 구절에서의 '중(中)'이라는 어휘가 나타나고 있는 것입니다. 즉 중도가 아닌 중이라는 말로 표현되어 있습니다. 그래서 「초전법륜경」과 「대품수계 제1」을 찾아보니, 이 경우에 '중(中)'이 아닌 '중도(中道)'라고 표현하고 있습니다. 또한 『남전대장경』의 해당부분에서도 "양변을 떠나 중도에 의해서 법을 설하느니라."라고 '중도'로 번역하고 있습니다.

물론 『상윳따 니까야』의 역자인 각묵 스님은 중도의 빨리어 'majjhimā(중간) paṭipadā(도 닦음)'를 명확하게 구분하고 있음을 밝히고 있습니다만, 지금의 '중(中)에 의해서'의 경우 빨리어 majjhena가 '상견과 단견이라는 양 극단을 의지하지 않고 중도에 서서'의 의미가 있다고 주석하고 있습니다.

지금까지 살펴본 『니까야』의 「깟짜나곳따경」은 『아함경』으로는 『잡아함경』 12권 「가전연경」에 해당합니다. 「깟짜나곳따경」에는 보이지 않지만, 「가전연경」에서는 "부처님이 이 경을 말씀해 마치시자 존자 가전연은 부처님께서 말씀하신 바를 듣고 모든 번뇌를 일으키지 아니하고 마음에 해탈을 얻어 '아라한이 되었다[佛說此經已 尊者迦栴延 聞佛所說 不起諸漏 心得解脫 成阿羅漢].'"라는 구절이 있습니다. 즉 깟짜나곳따[迦栴延] 존자가 아라한과를 증득하게 한 법문이 중도사상이었음을 「가전연경」은 확실히 밝히고 있습니다. 깨달음을 증득할 수 있는 수행법은 여러 가지가 있습니다. 고따마 붓다는 연기의 이법을 닦아서 연기법을 증득하셨지만, 깟짜나곳따는 중도법문을 듣고 깨달음을 얻은 것입니다.

「반야경」의 중도

『대품반야경』을 비롯한 반야경전에는 중도라는 어휘가 발견되지 않습니다. 그러나 「반야경」 전체에 흐르고 있는 공사상은 중도

법문이라고 할 수 있을 것입니다. 가령『반야심경』의 "이 모든 법은 공상(空相)이어서 나지도 않고 없어지지도 않으며, 더럽지도 않고 깨끗하지도 않으며, 늘지도 않고 줄지도 않는다[是諸法空相 不生不滅 不垢不淨 不增不減]."라는 말은 중도의 내용을 잘 나타내고 있습니다. 물론 이 세 쌍의 말을 부정의 의미를 담고 있지 않는 어휘로 바꿀 수도 있을 것입니다.

노납의 스승인 광덕(光德, 1927~1999) 선사께서는『반야심경 강의』에서 이 세 쌍의 말을 각각 '영원성(永遠性)·청정성(淸淨性)·원만성(圓滿性)'이라는 긍정을 나타내는 언어로 번역하고 있습니다. 그렇지만 한자의 의미를 깊이 있게 알고 있는 사람에게는 공의 모양이 영원성을 나타낸다는 긍정적인 표현보다는 불생불멸이라는 부정적 표현이 중도의 의미를 더 적확하게 내보이고 있다는 생각도 할 것입니다. 그리고 이러한「반야경」의 중도사상은 나가르주나 저술인『중론』을 통해서도 잘 알 수가 있습니다.『중론』'예배의 노래'는 이렇게 말하고 있습니다.

> 소멸되지도 않고 생기하지도 않으며,
> 단절되지도 않고 항상되지도 않으며,
> 단일하지도 않고 복수도 아니며,
> 오지도 않고 가지도 않는다.

나가르주나의 이 게송을 여덟 개의 부정하는 게송[八不偈]이라고 말합니다만, 『반야심경』에서 말하는 '모든 법의 공한 모양[空相]'의 종류를 첨가하고 있다는 생각을 하지 않을 수 없습니다. 물론 중도에는 나가르주나가 말하고 있는 이 네 쌍의 말 외에도 선·악(善惡), 어둡고 밝은 것, 좋고 나쁘고, 밉고 곱고 등 여러 가지가 있습니다. 널리 알려져 있는 것처럼, 『중론』은 나가르주나가 고따마 붓다가 깨달은 연기법과 「반야경」의 사상가들이 신비적 직관으로 얻은 공을 동일한 의미로 받아들여서 해설한 책입니다. 『중론』 제24장 「관사제품」의 제18송은 이렇게 말하고 있습니다.

> 온갖 연기하고 있는 것,
> 우리는 그것을 공성이라고 한다.
> 그것은 상대를 기다리는 가명(假名)이며,
> 그것은 곧 중도의 의미이다.

나가르주나의 공사상의 핵심을 이루는 것은 '사물은 모두 다른 것에 의존해서 생기고, 존재하므로 본체로서 공이다'라는 의존성(依存性)의 논리입니다. 설일체유부를 비롯한 실재론적 형이상학이 구상하는 실체란 자립·보편·항상·단일한 본체를 말하고 있지만, 나가르주나는 그러한 것은 개념, 말로만 존재한다고 주장합니다. 현실의 모든 것은 자립적이 아니고, 타에 의존하며 보편·항상·단일한 것이 아니고, 개별적이며, 무상한 복합물이라는 것입니다. 그러므로 사실로서의 사물에는 본체는 존재하지 않으며 공이라는 것입니다. 즉 나가르주나는 「반야경」에서 말하는 공성을 연기와 동일한 의미로 재해석하여 일체는 다 공하다[一切皆空]라는 주장이 성립하는 근거를 마련하고, 공을 중도의 중심사상으로 확립시킨 것입니다.

팔정도(八正道)와 중도

초기불전에 나타나는 팔정도(八正道)는 독립적으로 설해지기도 하고 도 닦음의 성스러운 진리[道聖諦]의 실천방법으로 설해지기도 합니다. 즉 팔정도에는 독립된 것으로서의 팔정도와 네 가지 성스러운 진리[四聖諦] 가운데의 하나인 도성제의 내용으로서의 팔정도라는 두 가지 유형이 있습니다. 「초전법륜경」의 경우는 먼저 중도의 내용으로서 '여덟 가지 구성요소를 가진 성스러운 도[八支聖道]'라는 이름으로 설해지고, 다음으로 사성제의 네 번째인 '괴로움의 소멸로 인도하는 도 닦음의 성스러운 진리[苦滅道聖諦]'인 '여덟 가지 구성요소를 가진 성스러운 도[八支聖道]'라는 이름으로 설해지고 있습니다.

이와 같은 초전법륜 때의 상황을 살펴볼 때, 우리들은 고따마 붓다께서 5비구에게 사성제의 설법을 하시기 전에 팔정도를 설하시어 그들로 하여금 우선 이것을 실천하도록 하신 후에 따로 사성제를 설하셨다고 추측할 수 있습니다. 그렇다고 하여 중도의 내용으로서 독립적인 팔정도와 사성제 속에 포함된 팔정도가 그 내용면에서 차이가 있는 것은 아닙니다. 『상윳따 니까야』「초전법륜경」에서는 팔정도를 중도와 관련해서 아래와 같이 설하고 있습니다.

"비구들이여, 그러면 어떤 것이 여래가 완전하게 깨달았으며, 안목을 만들고 지혜를 만들며, 고요함과 최상의 지혜와 바른 깨달음과 열반으로 인도하는 중도인가? 그것은 바로 여덟 가지 구성요소를 가진 성스러운 도[八支聖道]이니, 바른 견해[正見], 바른 사유[正思惟], 바른 말[正語], 바른 행위[正業], 바른 생계[正命], 바른 정진[正精進], 바른 마음챙김[正念], 바른 삼매[正定]이다. 비구들이여, 이것이 바로 여래가 완전하게 깨달았으며, 안목을 만들고 지혜를 만들며, 고요함과 최상의 지혜와 바른 깨달음과 열반으로 인도하는 중도이다."

위에서 살펴본 「초전법륜경」의 해당부분에 의하면, 고따마 붓다는 "두 가지 극단을 의지하지 않고 여래는 중도를 완전하게 깨달았다."라는 중도와는 다른 '팔정도(八正道)가 중도'라고 설하고 계십니다. 여기서 두 가지 의론 중 '어느 것이 고따마 붓다의 깨달음의 내용인 중도인가?'라는 문제가 제기됩니다.

사실 고따마 붓다의 깨달음의 내용을 두고 옛날부터 지금까지 불교학계에서는 많은 논란을 했었고, 현재도 하고 있습니다. 앞에서 이미 말씀드린 것처럼, 필자 역시 이 문제에 봉착했지만 다행히 『상윳따 니까야』「도시경」을 공부하면서 연기법이 고따마 붓다의 깨달음임을 확인했습니다. 그러나 노납은 『상윳따 니까야』「초전법륜경」에서 설하고 있는 중도를 만나는 순간, 또 다시 고따마 붓다의 깨달음의 내용에 대한 의문점이 두 가지 생겼습니다.

첫째는 연기법과 중도 중 어느 것이 참된 깨달음인가라는 것이고, 둘째는 두 가지 극단을 여읜 곳인 중도와 팔정도인 중도 중 어느 쪽이 깨달음의 내용인 중도인가라는 것입니다. 물론 노납은 「도시경」을 통해서 연기법이 고따마 붓다의 깨달음의 내용임은 확인했지만, 이 경우 "두 가지 극단을 의지하지 않고 여래는 중도(中道)를 완전하게 깨달았나니 (이 중도는) 안목을 만들고 지혜를 만들며, 고요함과 최상의 지혜와 바른 깨달음과 열반으로 인도한다."라는 구절에서, '연기를 어떤 차원에서 이해해야 하는가?'라는 문제를 다시 가지게 됩니다.

왜냐하면 중도를 연기의 차원에서 이해하면 고따마 붓다의 깨달음은 중도(中道)라고 하는 것이 적절하고, 이 의론은 「초전법륜경」에서 설하고 있는 "두 가지 극단을 의지하지 않고 여래는 중도(中道)를 완전하게 깨달았다."라는 구절과 일치하기 때문입니다. 또한 『상윳따 니까야』「깟짜나곳따경」의 "깟짜야나여, '모든 것은 있다'는 이것이 하나의 극단이고 '모든 것은 없다'는 이것이 두 번째 극단이다. 깟짜야나여, 이러한 양 극단을 의지하지 않고 중(中)에 의해서 여래는 법을 설한다."라는 구절과도 부합하기 때문입니다. 이 경우에 연기는 중도를 증명하는 '증명중도(證明中道)'라고 말할 수 있을 것입니다.

그러나 「초전법륜경」의 "비구들이여, 그러면 어떤 것이 여래가 완전하게 깨달았으며, 안목을 만들고 지혜를 만들며, 고요함과 최상의 지혜와 바른 깨달음과 열반으로 인도하는 중도인가? 그것은 바로 여덟 가지 구성요소를 가진 성스러운 도이다[八支聖道]."라는 구절을 두고는 논란이 일지 않을 수 없습니다. 왜냐하면 이 경우에 '여덟 가지 바른 깨달음에 이르는 길[八正道]'이 고따마 붓다의 깨달음의 내용인 중도가 되기 때문입니다.

그리고 이렇게 팔정도가 중도가 되면 '고따마 붓다는 두 종류의 중도'를 설했다는 교리가 성립하는 것을 막을 수 없습니다. 그런데도 실제로 이 학설을 주장하는 학자들이 있고, 특히 『니까야』 위주의 상좌부 불교를 연구한 학자들은 '팔정도가 중도'라고 주장하고 있습니다. 그러나 필자는 아직 팔정도가 중도라고 주장하는 학자들이 「깟짜나곳따경」의 중도에 대해서 어떤 의론을 가지고 있는가를 질문해 보지 못했습니다.

그렇다면 고따마 붓다의 깨달음인 중도를 둘러싸고 이러한 논쟁이 계속되는 이유는 무엇일까요? 여기에는 몇 가지 원인이 같이 있다고 여겨집니다. 첫째는 우리 불교가 대승불교의 믿음 속에 있다는 점입니다. 때문에 『아함경』을 소승불교의 경전이라고 폄하하여 초기불교의 기초교리를 익히지 않았던 것입니다. 가령 중도를 설하는 『아함경』으로는 『잡아함경』 12권의 「가전연경」 등이 있지만, 수행자들의 주목을 받지는 못했습니다.

둘째는 간화선 위주의 수행을 불교수행의 전부라고 생각하고 불교학문을 등한시 하는 가운데, 『금강경』을 비롯한 「반야경」 위주의 경학으로 반야의 공사상이 불교의 핵심사상이라고 생각한 것입니다. 그리고 「반야경」의 공사상은 마침내 중도라고 하면 『중론』의 일·이·거·래·유·무·단·상(一·異·去·來·有·無·斷·常)을 여읜 팔불중도(八不中道)라고 인식하게 된 것입니다. 물론 팔불중도가 중도의 설명으로 잘못된 것은 아닐 것입니다.

그렇지만 노납은 팔불중도만으로는 「초전법륜경」이나 「깟짜나곳따경」에서 설하고 있는 중도의 의미를 충분히 파악하기는 어렵다고 생각합니다. 왜냐하면 공이 증명중도의 역할을 하고 있을 뿐이기 때문입니다.

마지막으로 팔정도가 중도라는 의론에 관해서 살펴보겠습니다. 먼저 성철 선사는 『백일법문』에서 이렇게 말씀하고 계십니다.

"팔정도는 정견에서 시작하여 정정으로 맺어지는데, 무엇보다도 맨 먼저 정견이 거론되는 점에 유의해야 할 것입니다. 그것은 바른 견해를 얻어 모든 법을 바로 보기 전에는 정사유(正思惟)·정법(正法)·정각(正覺) 등 팔정도의 나머지가 하나도 성립될 수 없기 때문입니다. 정견은 바로 부처님이 깨치신 진리, 즉 중도를 지적하는 것입니다.

이와 같이 부처님이 성도하여 깨달으신 것이 중도이고, 그 중도의 내용이 다름 아닌 팔성도(八聖道), 곧 팔정도(八正道)라는 것입니다. 그런데 일부에서는 이 팔정도가 방법론(方法論)이냐 또는 목적론(目的論)·구경론(究竟論)이냐 라는 논란이 있습니다만, 팔정도는 목적론적·구경론적 의미를 내포하고 있습니다."

다음은 『니까야』 등 상좌부 불교의 학자들이 주장하는 '팔정도가 중도'라는 의론에 관한 것입니다. 가령 각묵 스님은 "초기경에서의 중도는 명명백백하게 팔정도이다. 특히 삼제게는 연기(緣起)적 현상을 공·가·중으로 통찰하는 것을 중도라고 설파하고 있기 때문에 『중론』에서 말하는 중도는 연기에 대한 통찰지이며 이것은 위에서 보듯이 팔정도의 첫 번째인 정견(正見)의 내용이다. 그러므로 용수 스님을 위시한 중관학파에서 주장하는 중도는 팔정도의 첫 번째인 정견을 말하는 것이지 팔정도로 정의되는 실천도로서의 중도는 아니다."라고 말하고 있습니다.

그러나 성철 선사나 각묵 스님의 위의 주장에 대하여 노납은 일부는 동감하면서도 제 나름의 생각을 피력하지 않을 수 없습니다.

먼저 성철 선사의 '팔정도는 목적론적·구경론적 의미'에 대하여
저는 '팔정도는 중도의 실천론'이라고 정의할 수 있다고 생각합니
다. 왜냐하면 팔정도의 여덟 항목 낱낱이 수행하는 과정에서 중도
를 실천할 사항을 열거한 것으로 보이기 때문입니다.

다음은 각묵 스님의 '팔정도가 중도'라는 의론에 대한 것입니다.
위에서 말한 것처럼, 팔정도는 중도의 실천행이지 중도 자체가 될
수 없다고 생각입니다. 왜냐하면「깟짜나곳따경」에서 설하는 '정
견이 바로 선 경지가 중도'라는 법문에서 팔정도는 끼어들 여지가
없기 때문입니다. 또한 팔정도만으로는『상윳따 니까야』의「초전
법륜경」과「깟짜나곳따경」에서 설하고 있는 '두 가지 극단인 있음
과 없음, 고행과 욕락(欲樂)을 여읜 곳'이 중도의 의미라는 법문을
충족시킬 수가 없습니다. 때문에 노납은 팔정도가 바로 중도라는
의론에 동조할 수가 없습니다.

—

현상 저 너머, 그리고 중도^{中道}

—

삼라만상이 반야바라밀의 현현이다

위에서 여러 경전과 『중론』의 설을 통하여 중도(中道)의 개념에 대하여 살펴보았습니다. 여기에서 고따마 붓다가 깨달음을 증득한 법은 유무(有無) 혹은 고락(苦樂) 등의 두 극단을 여의고 있는 중도라는 사실이 판명되었습니다. 아울러 「도시경」에서 설하고 있는 연기와 「반야경」에서 설하고 있는 공(空)은 각각 증명중도에 해당한다는 것도 살펴보았습니다. 그 결과 나가르주나가 『중론』에서 밝히고 있는 것처럼, 연기와 공과 중도는 똑같이 깨달음을 표현하는 거짓 이름[假名]에 불과하다는 것을 깨닫게 되었습니다.

그런데 거짓 이름에 불과한 이 자리는 정적(靜的)으로 멈춰 있는 것이 아니라 동태적(動態的) 상황을 연출합니다. 「초전법륜경」에서는 "두 가지 극단을 의지하지 않고 여래는 중도(中道)를 완전하게 깨달았나니, [이 중도는] 안목을 만들고 지혜를 만들며, 고요함과 최상의 지혜와 바른 깨달음과 열반으로 인도한다."라고 설합니다.

고따마 붓다의 깨달음인 연기는 모든 사건과 사물은 의존성에 의해서 일어난다는 것을 말해 줍니다. 또한 『맛지마 니까야』 「공에

234

대한 작은 경」에서는 "[모든 것은] 진실하고 전도되지 않고 청정한 공이 현현(顯現)된 것으로 나타난다."라고 설하고 있습니다.

다시 말하면 연기·공·중도가 삼라만상을 창조하는 '창조의 원리'라고 밝히고 있습니다. 즉 일체의 모든 것[諸法]은 공의 현현이라는 것입니다. 그리고 이때의 공을 『대품반야경』「탄정품」에서는 "일체의 것은 '본래 완전히 청정하다. 반야바라밀이 청정하기 때문에 이 청정함은 밝다'라고 한다."라고 설하고 있습니다. 이 말은 '마음[반야바라밀·공]은 본래 맑고 밝은 것이다'라는 말의 다른 표현인 것입니다. 왜냐하면 사물과 마음이 구별되지 않는 최고의 실재의 세계에서는 이 둘의 표현은 동일하기 때문입니다.

따라서 『대품반야경』에서 설하고 있는 맑고 밝은 마음은 단지 공성(空性)의 동의어라고 말할 수 없습니다. 왜냐하면 공[마음·반야바라밀]을 최고의 존재, 진실의 존재, 창조의 원리로 생각하다면 그것은 마음을 세계의 근원으로 삼은 유식사상(唯識思想)의 관념론과 맥을 같이 하기 때문입니다. 그리고 마음[공·반야바라밀]을 맑고 밝은 존재의 본성으로 보는 사상은 『화엄경』의 "모든 사람들에게 불성이 본래 갖추어져 있다[一切衆生 悉有佛性]."라고 주장하는 사상의 토대가 되었다고 여겨집니다.

그렇지만 일체 중생이 전부 부처의 성품[佛性]을 가지고 있다고 해서, 그 자리가 마음[心]과 육체[身]가 분리되어 각기 따로 현상을 현출(顯出)하는 것은 아닙니다. 선문(禪門)에서는 불성을 지닌 사람이 동태적으로 상황을 연출해 나가는 그 당체를 '오직 이것'이라고 말합니다. 그리고 '오직 이것'을 간파하는 것이 반야의 직관입니다. 이 '오직 이것'은 우리들 인간의 의식이 처음 만들어졌을 때 동시에 주어진 것입니다. 그러나 그대와 우리 모두는 '이것'을 찾지 못하고 있습니다. '이것'을 보지 못하고 있습니다. 온갖 망상과 번뇌의 소굴 속에서 살아가고 있기 때문입니다.

'이것'을 찾으려고 노력하는 것이 수행이고 명상입니다. 고따마 붓다가 6년간의 수행으로 발견한 연기가 바로 '이것'이고, 「반야경」의 신비가들이 찾은 공이 이것이며, 「초전법륜경」에서 설하고 있는 중도가 '이것'입니다. 그렇지만 우리들은 이 세상에 나타나 있는 현상과 그에 따른 자신의 생각이 전부라는 인식에 사로잡혀서, 자신에게 일어나는 고통과 불행이 현실적으로 확정적으로 있는 것이라 믿고 있습니다. 겉으로 보이는 현상적인 세계, 눈으로 보고 귀로 듣고 손으로 만져지는 이 지각 현상 세계에서는 고통도 있고 불행도 있고 고난이 있는 것으로 보입니다. 그러나 진리의 세계, 깨달음의 세계, 연기의 세계, 중도의 세계, 반야바라밀의 세계는 원래부터 그런 것이 미치지 않습니다.

'이것'이라는 자리는 원래 절대적인 것이고 무한적인 것입니다. 이 사실을 모르고 생각으로 '이런 것이다, 저만한 것이다'라고 알아버렸을 때, 우리들의 삶은 그런 정도밖에 안 되는 것입니다. 무한이라고 해도 무한이라는 개념 가운데 있는 것이기 때문에 안 되는 것입니다. 이 자리에서 보면 사실 노납이 말을 한다고 하는 것도 허물이 됩니다. 중도라는 깨달음의 도리는 무한이고 완전원만이기 때문에 이러이러하다고 말로써 규정지을 수 없는 것인데, '이런 것이다, 저런 것이다'라고 말을 할 때는 한정이 되어 결박된 것이기 때문에 본래의 자리인 '이것'을 벗어난 것입니다.

그렇기 때문에 다들 '현상과 생각 저 너머'에 대해서는 대개는 입을 다물고 그 점에 대해서는 "말을 할 수 없는 것이다, 그 점에 대해서는 생각을 끊어야 될 것이다, 생각이나 말로 형용하거나 짐작하지 못하는 것이다."라면서 던져 버립니다. 이러한 경향은 선불교에서 더욱 진하게 나타납니다. 그러나 언제까지나 말과 생각을 여읜다고 해서 해결할 수는 없을 것입니다. 말과 생각이 없는 도리를 찾는다고 해도 마찬가지입니다. 그래서 불가불 방편이 없을 수 없는 것입니다.

노납이 여기서 방편이라는 말을 하는 것은 고따마 붓다가 "이 중도는 안목을 만들고 지혜를 만들며, 고요함과 최상의 지혜와 바른 깨달음과 열반으로 인도한다."라고 말씀하신 것을 믿고 그 자리에 도달하기 위해서 노력하는 것입니다. 결국 우리들은 그 말씀을 통해서 그 말씀이 담을 수 없는 큰 뜻을 보아야 합니다. 말씀을 통해서 말없는 도리를 알아야 합니다. 말씀을 통해서 말 없는 도리를 어떻게 아는가? 말 없는 도리가 어디 먼 데 있는 것이 아닙니다. 자기 자신에게 본래 있는 것이기 때문에 말 없는 도리는 곧 손으로 제 몸 어디를 꼬집어 봐도 그대로 감각이 통하듯이 바로 부르면 대답하는 뜻이 담겨져 있습니다. 따라서 '이것'을 보는 그때 그대와 우리 모두는 스스로부터 다음과 같은 다섯 가지의 '현상 저 너머, 그리고 중도(中道)'가 저절로 열리게 됩니다.

절대 독존성

첫째는 자신이 절대 독존성(絕對 獨存性)의 '이것'임을 보게 됩니다. 중도라는 깨달음의 도리는 대립에 있는 것이 아닙니다. 이것이 있고 저것이 있는 것이 아닙니다. 있다, 없다 하는 것이 아닙니다. 이것을 '절대'라고 합니다. 깨달음의 진리, 법, 청정법과 부정법이 따로 있는 것이 아니고 그냥 청정이라고 하면 청정인 대로 완전한 그 자체입니다. 붓다라고 하면 붓다이시지 붓다 아닌 사람이 따로 있는 것이 아닙니다. 즉 완전하신 붓다는 완전한 채로 온 우주에 변만(遍滿)하시고, 일체 시공(時空) 가운데 변만하시고, 일체 시공이 다한 후에도 변만하시고, 시공이 열리기 이전에도 변만하시고 이렇게 한정 지을 수 없는 절대입니다.

깨달음, 그것은 원만한 독존이자 절대적인 독존입니다. 따라서 우리들이 '이것'을 찾아서 깨달음의 진리를 구하고자 한다고 어디서 구할 것인가? 어디서 구할 것이 아니라 처처(處處)에서 만나는 것입니다. 누군가 나에게 "여보게" 하고 불러도 "예", "김서방" 하고 불러도 "예"라고 대답하고, 누가 내 몸을 건드려도 금방 알고 다 통합니다. 진리는 오직 이 법, 중도의 깨달음밖에 다른 것이 없습니다. 그렇기 때문에 이 진리를 구하는 사람은, 언제든지 자기가 있는 그 자리에서 호흡하고 밥을 먹고 생각하고 망상을 부리고 화를 버럭버럭 내고 있는 그것이 바로 딴 놈이 아니라 '이것'이라는 말입니다.

"만인의 생명이 깨달음의 진리 그 자체다, 깨달음의 생명을 떠나서는 아무 것도 존재하는 것이 없다, 있는 것은 깨달음의 진리 그것뿐이다."라는 이것을 절대 독존이라 합니다. "홀로 존재한다, 이것밖에 없다."라는 이것이 절대자입니다. 아무 것도 이 도리 밖으로 나가는 사람이 없습니다. 그렇기 때문에 이런 것을 말하면 허물이 되어서 말을 회피하고, 말을 듣는 사람들도 말에 떨어지지 않고 말 밖의 도리에 대해서 짐작을 하고, 서로 그렇게 해서 넘어가는 것입니다. 중도의 진리가 이와 같이 일체에 두루하고 일체 중생에게 응하고 자재하게 쓰이고 어디 없는 데가 없는 것입니다.

우리들이 망상을 일으킨다 하지만 망상이 딴 것이 아니라 깨달음의 광명에서 스스로 망상을 짓고 있는 것입니다. 그렇지만 그 망상을 짓고 있는 그 자신이 바로 붓다이며 붓다의 진리광명입니다. 그 붓다의 진리광명이 자기 망상을 짓고 있는 것이지 딴 것이 아닙니다. 자기가 지었기 때문에 이렇게도 하고 저렇게도 해서 망상 밖으로 벗어나기도 하고 망상에 빠지기도 하고 마음대로 하는 것입니다. 그것을 구속된 입장에서 봐서는 범부이고 고난에 빠져 있다고도 하겠지만, 깨달은 눈으로 봐서는 제각기 활활자재(活活自在)합니다.

절대적이고 홀로 이것뿐인, 깨달음의 진리밖에 다른 것이 없는 이것이 진리의 한 단면이며 한 모습입니다. 여기는 있고 저기는 없으며, 옛날은 있고 지금은 없으며, 지혜 있는 사람에게는 있고 지혜 없는 사람에게는 없는 이런 것을 진리라고 하고 법이라 하면 그것은 홀로 존재하는 절대가 아닙니다. 우리는 처처에서 깨달음이라는 중도를 만나는 것입니다. 방안에서 만나고 이웃에서 만나고 싸우면서 만나고 성내면서 만나고 처처에서 만나는 것입니다. 그러므로 '이것'을 본 사람은 자신이 홀로 존재하는 독존자임을 깨닫게 됩니다.

중도의 영원성

둘째는 자신의 본성이 영원한 '이것'임을 보게 됩니다. 중도의 내용 가운데 "나지도 않고 없어지지도 않는다."라는 말이 있는데, 이 말을 긍정적 언어로 바꾼 어휘입니다. 우리들은 종종 생자필멸(生者必滅)이라는 말을 합니다. 이것은 『대반열반경(大般涅槃經)』

「제2 수명품(壽命品)」에 있는 유명한 말입니다만, 생긴 존재는 반드시 그 마침인 죽음이 있다는 뜻입니다. 무릇 세상만사는 시작이 있으면 끝이 있고, 생(生)이 있으면 멸(滅)이 있게 마련입니다. 그런데 이 말을 달리 표현하면 멸이 있다는 것은 생이 있기 때문이라고 할 수 있습니다. 따라서 만약 생이 없다면 멸 또한 있을 수가 없는 것입니다. 그렇다면 과연 사건과 사물은 생기는 것일까요?

모든 사건과 사물은 인연에 의해서 생기고, 인연에 의해서 멸한다는 것은 연기법을 공부하면서 익혔습니다. 때문에 사물이 생겼다고 말해도 거기에 고정적인 것은 없고, 멸했다고 해도 허무단멸(虛無斷滅)은 아니며, 모양을 바꾸어서 다음의 존재로 연결해 갑니다. 때문에 완전한 멸(滅)은 없는 것입니다.

예를 들어 집이 생겼다고 말해도 많은 재료가 모여서 집이 된 것이기 때문에 재료의 입장에서 볼 것 같으면 이미 이전부터 있는 것이 됩니다. 그렇지만 집이 되었다고 해도 언제 완성된 것인가를 정확하게 결정할 수는 없습니다. 집이 멸할 경우에도 마찬가지의 현상이 나타납니다. 그렇지만 해인사와 같은 오래된 건조물의 경우에는 수선할 때에 벌레 먹은 목재 등을 갈아 끼우기 때문에 상당한 부분이 새로운 재료로 교체되어 있다고 할 수 있습니다.

이것은 인간의 신체의 경우에도 마찬가지입니다. 우리들의 신체가 신진대사에 의해서 세포뿐만 아니라 신체부분이 끊임없이 교체된다고 하는 것은 말할 필요도 없습니다. 그 때문에 신체의 조직은 수년 안에 완전히 교체된다고 볼 수 있습니다.

　이렇게 보면 생긴다든가 멸한다고 하는 것은 현상 그 자체가 아
니고, 현상의 변화를 인식하는 주관적인 인식의 형태에 지나지 않
음을 알 수 있습니다.

　따라서 생(生)·멸(滅)이 외계(外界)에 사실로서 있는 것은 아
닙니다. 싹이 난다는 것은 종자가 멸하는 것을 의미합니다. 그것을
싹이 난다고도 볼 수 있지만, 종자가 멸했다고도 볼 수 있습니다.
새로운 것의 생기에는 오래된 것의 멸이 뒤따릅니다. 회사에서도
퇴직하는 사람이 있기 때문에 신입사원이 들어옵니다. 이렇게 해
서 조직의 내부는 끊임없이 변동하는 것이고, 그것에 의해서 전체
로서도 변하는 것입니다.

　한 그루의 나무에 대하여 보면 새로운 싹이 나서 나무가 생겼다
고 말할 수 있지만, 숲 전체로서 보면 숲은 이전부터 있는 것이고,
내부의 변화가 있음에 지나지 않습니다. 우리들의 신체를 세포로
서 볼 것 같으면 생기는 것도 있고 멸하는 것도 있지만, 신체 전체
로서 보면 단지 변화가 있음에 지나지 않습니다. 이렇게 보는 곳
이 다르면 견해도 달라집니다. 따라서 절대적으로 생이나 멸을 인
정할 수는 없는 것이고, 생멸은 상대적인 현상에 지나지 않습니다.
연이 모이면 생기고 연이 흩어지면 멸하는 것입니다. 이렇게 존재
의 생멸변화를 연기로 관찰하면 절대적인 생이나 멸은 인정되지
않습니다.

만약 고정적인 어떤 것이 있다면 중도의 깨달음은 없었을 것입니다. 또한 중도는 아니지만, 그러나 모든 것이 유동적이라고 하면 어떤 것이 '있다'라고 말할 수는 없을 것입니다. 왜냐하면 유동적인 것은 주어가 될 수 없기 때문입니다. 끊임없이 변모해 가기 때문에 '이것은 있다'라고 말할 수가 없고, '없다'라고도 말할 수 없습니다. 이 유와 무를 초월한 것으로 존재를 이해하는 것이 존재를 중도의 입장에서 보는 것입니다.

따라서 생(生)이란 본래 없는 것입니다. 본래 태어남이 없기 때문에 죽음이 있을 수 없는 것입니다. 즉 태어남이 없음이 바로 죽음이 없음입니다. 중도의 깨달음에서 우리들의 생명의 영원성(永遠性)을 발견하게 됩니다. 우리 모두는 자신의 본래 생명이 시간과 공간을 초월한 영원하고 무한한 중도임을 깨닫고 삶을 활기차게 살라는 것이 부처님 말씀입니다.

맑고 밝은 본성

셋째는 자신의 본성이 맑고 밝은 '이것'임을 보게 됩니다. 중도를 증명하는 공은 대체로 '~이 아니다'라는 표현을 쓰고 있습니다. 그러나 「반야경」에서 거의 유일하게 '반야바라밀[空]은 맑고 밝다'라는 긍정적인 표현을 하고 있습니다. 『반야심경』에서 설하고 있는 공의 세 가지 속성 중 두 번째인 '더럽지도 않고 깨끗하지도 않다.'라는 구절과 같은 의미를 담고 있으면서 변형된 형태라고 여겨집니다.

그렇다면 중도의 깨달음에서 보니 인간의 본성이 '맑고 밝다'라는 말은 무슨 의미일까요? 이것은 인간의 본성이 지니고 있는 징명성(澄明性)을 말합니다. 그러나 여기서 말하는 징(澄)은 더러움의 반대개념인 깨끗함을 말하는 것이 아니고, 명(明)은 어두움의 반대개념인 밝음을 말하는 것은 아닙니다. 절대적인 맑음과 절대적인 밝음을 이 두 글자에 담고 있습니다.

우리들은 일반적으로 사물을 대할 때, 상대적인 입장에 서서 그것을 파악하고 거기에 가치를 부여합니다. 그리고 이러한 상대적인 가치판단에 의해서 거기에 맞는 행동을 하게 됩니다. 가령 어떤 사람의 키가 크다든가 혹은 작다라고 할 때, 거기에는 반드시 그 사람이 생각하고 있는 보통의 키가 있고, 그것보다 클 때는 크다고 말하고 그렇지 않을 때는 작다고 말합니다. 어떤 물건이 깨끗한가, 더러운가 하는 것도 언제나 상대적이고, 어떤 사람의 얼굴색이 밝은가 어두운가도 나름의 기준을 두고 판별합니다.

인간의 본성이 징명하다는 것은 이러한 상대적인 입장에 선 깨끗함이나 밝음이 아닙니다. 깨달음의 입장에서 본 인간의 본성은 때 묻을 수 없고 물들 수 없으며 더러워질 수 없다는 것입니다. 인간의 본성은 구름이 태양을 가리고 있는 그런 밝음이 아니라 태양 그 자체의 밝음 같은 절대적 밝음입니다. 그것은 영원한 청정이므로 다시 깨끗해질 수 있는 어떤 것이 아닙니다. 그것은 영원한 광명이므로 다시 어두워질 수 있는 어떤 것이 아닙니다. 그렇다면 이렇게 인간의 본성이 본래 징명하다는 것은 우리들의 삶과 어떠한 연관을 가지고 있을까요?

우리들이 눈에 보이는 사물을 구별할 때 상대적인 입장에서 그 깨끗함과 더러움, 밝음과 어두움으로 판단한다고 앞에서 말했지만, 그러나 이러한 상식적인 가치판단은 비단 외형적인 사물에만 국한되는 것은 아닙니다. 우리들이 사람을 판단할 때, 비록 눈에는 보이지 않지만 그 사람이 가지고 있는 인품이라든가 학력이라든가 혹은 가문으로 평가하는 것은 흔히 있는 일입니다. 그래서 자기도 모르는 사이에 다른 사람의 가치를 그 출신 성분이나 사회적 신분으로 규정해 버리는 것입니다.

이러한 사람에 대한 가치판단의 하나로 '인간은 죄인'이라는 종교적 믿음을 강요하는 집단도 있습니다. 사람은 태어날 때부터 신에게 죄를 지었기 때문에 회개(悔改)해야 한다고 겁을 줍니다. 또한 업보중생(業報衆生)이라고 자신을 비하하기도 합니다. 우리나라에 옛날부터 있어 왔던 양반이나 상민의 구별도 하나의 좋은 예라고 할 수 있습니다. 물론 요즘도 그러한 차별이 전혀 없는 건 아닙니다. 지금도 세계 도처에는 인종에 의한 차별이 엄연히 존재하고 있고, 그로 인해 많은 사람들이 박해를 받고 있습니다.

이렇게 인종에 의한 차별이나 계급에 의한 차별의 관념이 생기는 직접적인 원인은 사람들이 태어나면부터 청정하다든가 태어나면서부터 죄인이라든가 하는 견해를 가지고 있는 데서 기인합니다. 이것은 전혀 근거가 없는 편견이지만, 그러나 많은 세대에 걸쳐서 승인되어 있으면 근거 없는 편견이라도 실체가 있는 것처럼 느껴집니다. 즉 근거가 없는 것을 억지로 인정하여 그 편견으로부터 벗어나지 못하는 것입니다. 그러나 인간이 태어나면부터 청정하고 태어나면부터 더럽혀져 있다는 것은 있을 수 없는 일입니다.

이것이야말로 영원한 인간무죄(人間無罪)의 선언입니다. 인간 본분, 진실면목은 실로 죄지을 수 없는 징명자입니다. 그는 영원한 자유자재자입니다. 이 징명자재자가 인간의 본래 면목입니다. 이 중도를 깨달으면 일체의 고뇌에서 벗어납니다. 인간에게 있어서 죄의식 · 부정의식이 괴로움을 부릅니다. 무죄의식 · 무부정의식도 마찬가지로 자유를 속박합니다. 그러므로 본래부터 징명한 자신의 본래면목의 실상을 봄[見性]이 중도의 깨달음입니다.

원만 구족성

넷째는 자신이 원만 구족성(圓滿 具足性)의 '이것'임을 보게 됩니다. 앞항에서 살펴본 '맑고 밝음'이 깨달음이 가지고 있는 질(質)

의 문제라면 이 '원만 구족성'은 깨달음이 지니고 있는 양(量)에 관한 것입니다. '맑고 밝음'이라는 말이 질적으로 상대적인 개념을 초월한 절대적 '맑고 밝음'을 말하는 데 비해 이 '원만 구족성'이란 양적으로 상대적인 개념을 초월한 무한을 말합니다. 즉 양적인 것에 대하여 깨달음의 성품을 보여줍니다.

깨달음이란 본래 완성이고 스스로 모든 것을 다 갖추고 있는 것입니다. 우리들이 생각할 수 있는 일체 모든 것을 전부 내포하고 있는 것이 깨달음입니다. 따라서 온갖 법이 중도의 깨달음에 의해서 창출되는 것입니다. 우리들의 본성은 깨달음입니다. 우리의 본성이 깨달음이기 때문에 깨달음이 가지고 있는 온갖 덕성을 가지게 됩니다. 사람들은 살아가면서 질적으로 좋고 훌륭한 것을 선호하듯이 양적으로 좀 더 많은 것을 바랍니다.

우선 물질적으로 재산이나 돈의 많고 적음을 구별하고, 그것에 관하여 우리들은 증가했다든가 줄었다든가 말하며 기뻐하기도 하고 슬퍼하기도 합니다. 다음으로 정신적으로 복덕이 많다거나 적다고 할 때도 마찬가지 상황이 일어납니다. 거기에는 언제나 어떤 기준이 나름대로 설정되어 있습니다. 그렇지만 그 많고 적음은 언제나 상대적입니다. 거기에는 그 사람만의 기준이 있을 뿐 절대적인 기준은 있을 수 없습니다. 가령 일억 원이라는 돈은 모든 사람에게 동일한 가치를 부여하지는 않습니다. 일억 원을 그렇게 많지 않은 돈이라고 생각하는 사람도 틀림없이 있습니다. 일억 원은 수

량의 위에서는 누구에게도 마찬가지지만, 그러나 감정으로서는 사람에 따라서 여러 가지로 차이가 있을 수밖에 없습니다. 여기에서 우리들은 복덕에 실체가 없고, 나아가 재산이나 돈에 실체가 없는 것을 알게 됩니다.

그런데도 불구하고 우리들은 어떻게 생각하며 살고 있을까요? 대다수라고는 말할 수 없지만 재산을 지나치게 아끼는 사람, 지나치게 돈에 집착하는 사람이 있는 것을 부정할 수는 없습니다. 그러나 그것은 고통의 원인이 됩니다. 인간은 사치를 하면 한이 없지만, 그러나 일생 동안 입는 옷이나 먹는 음식물에는 한도가 있습니다. 아무리 무리를 해서 먹어도 밥을 매일 한 말씩 먹을 수는 없습니다. 사치를 하든 평범하게 살든 먹는 것이나 입는 것은 어느 정도밖에 차이가 나지 않습니다.

이처럼 '원만 구족성'이라는 말은 인간의 욕망에 관한 것입니다. 인간은 자신의 욕망에 사역되어 있습니다. 어떤 사람은 간단히 '욕망이 바로 자신이다'라고 생각해 버리지만, 그러나 욕망과 자기는 다릅니다. 이 점을 확실히 할 필요가 있습니다. 가령 쇼윈도의 아름다운 보석을 보고서 욕망은 그것을 가지고 싶다고 생각하지만, 우리들의 이성은 그것이 타인의 것임을 생각하여 그렇게 해서는 안 된다고 욕망을 억제합니다. 즉 자제력으로 욕망을 억제하고 균형 있는 생활을 유지하는 것입니다. 여기서 욕망과 자기가 별개임을 압니다.

그런데도 사람들은 자신의 욕망을 채우기 위해서 기도를 합니다. 부족하고 모자란다고 부처님께 기도를 합니다. 그러나 이러한 기도는 불교의 기도가 아닙니다. 자신이 부족하다는 것은 부처님이 주지 않아서 그런 것이 아니라, 부처님께서는 이미 완전한 것을 주셨고 완전한 채로 나에게 갖춰져 있습니다. 그런데도 불구하고 다만 생각, 마음이 그것을 한정한 것입니다. 어느 것은 집착하고 어떤 것은 좋고 어떤 것은 나쁘고, 이렇게 차별하는 가운데 한계를 지어서, 자신의 원만 구족성을 부정하고 있습니다. 깨달음 속에는 모든 것이 갖춰져 있는데, 우리들이 이것을 모르고 유한으로 쓰고 있는 것입니다.

　중도라는 깨달음은 온 우주에 충만해 있습니다. 우리들이 숨 쉬며 사는 곳곳에도 허공 중에도 깨달음의 법, 중도의 진리는 어디에도 없는 곳이 없습니다. 붓다의 원만한 지혜와 덕성과 위신력과 그 모두가 완전한 채로 여기 있는 것입니다. 원만 구족, 누구든지 깨달음의 지혜, 붓다의 능력을 다 지니고 있습니다. 원래는 다 가지고 있는데, 자기가 몰라서 지금 안 받았다고 고통스럽다고 하는 것이지 실로는 다 가지고 있습니다. 즉 완전 구족한 중도의 깨달음의 지혜와 공덕과 복덕성이라는 것은 우리 각자가 마음의 문을 열면 흘러나오는 것입니다.

동일자성

다섯째는 자신이 동일한 성품[同一者性]의 '이것'임을 보게 됩니다. 깨달음이라는 중도의 진리는 누구나 똑같이 지니고 있다는 것입니다. 부처님과 내가 똑같은 불성을 지니고 살고 있는 동일생명입니다. 부처님만 가지고 있는 것이 아니고, 나만 가지고 있는 것이 아니고, 특별히 지혜를 닦으신 분만이 아니고 부처님을 포함한 일체 중생이 완전히 동일한 하나의 불성을 가지고 있습니다. 내 심장에서 흐르는 피가 손과 발을 통해서 온 몸을 다 돌아서 심장에 갑니다. 부모님의 한 핏줄을 타고 나온 형제들의 몸속에 똑같은 부모의 피가 흐르는 것처럼, 우리들의 본성이 부처님의 성품과 온전한 모습이 자기 자신에게 하나로 이어져 있는 것입니다.

다른 사람, 미워하는 사람, 나와 대립하고 다투는 사람이 원래로 나와 더불어 한 몸을 이루고 있는데, 내가 그것을 남으로 보고 대립하기 때문에 남이지 실제는 하나의 몸입니다. 하나이기 때문에 저 사람이 잘 되어야지 내가 행복한데도 불구하고 '저 사람이 잘못 되어야 내가 잘 된다'라고 생각하면 그건 내 오른손이 병이 나야 내가 행복하다는 말과 마찬가지입니다. 오른손이나 왼손이나 왼발이나 오른발이나 모두가 내 한 몸인 것처럼, 저 사람 이 사람이 남이 아니라 나와 하나이며 동일자입니다.

이러한 소식을 『임간록(林間錄)』에서 두순(杜順; 557~640) 스님의 법신송(法身頌)을 이렇게 소개하고 있습니다.

> 회주의 소가 벼이삭을 먹는데[懷州牛喫禾]
> 익주의 말이 배가 부르네[益州馬腹脹]
> 천하의 명의를 찾아갔더니[天下覓醫人]
> 돼지 왼쪽 허벅지를 뜸질하라 하더군.[灸猪左膊上]

여주의 소가 여물을 먹으니 용인의 말이 배가 부르다는 이 도리를 그대는 아시겠습니까? 두순 스님의 법신송은 일체가 동일생명의 진리를 잘 표현하고 있습니다. 우리 모두는 본래 하나의 진리생명으로 살고 있습니다. 그렇기 때문에 누구를 미워하면서 '잘 되게 해 주십시오' 하는 것은 제 몸뚱이 한군데를 찍으면서 건강하게 해 달라는 것과 마찬가지입니다. 다른 사람이 행복하고 다른 사람이 복되게 해 달라고 해야 내가 복되는 것입니다. 그 사람이 건강해야 내 손과 발이 건강한 것이고, 손과 발이 건강해야 내가 행복해지는 것입니다.

이렇게 '모든 사람들이 남이 아니다, 한 몸이다, 동일자다'라는 동일자성이 그대로 진리에 비추어본 바가 중도라는 깨달음의 한 면모입니다. 때문에 자기가 진리 본연의 완전한 것을 받아서 쓸려면 아무하고도 척지고 대립한 사람이 없어야 되는 것입니다. 미워하고 대립하는 사람이 있고 척진 사람이 있어서, 그 사람이 잘 되면 내가 배가 살살 아프고, 그런 식으로 마음먹어서는 그 배가 언제나 아프지 편안한 날이 없을 것입니다.

본래 내가 잘 되려면 먼저 베풀어 주어야 합니다. 저 사람을 남이라고 보더라도 우선 베풀어 주어서 대립상이 끊어져야 내게 복이 들어오는 것입니다. 그렇기 때문에 자기가 주는 것은 곧 받는 것입니다. 주는 자만이 받는 것입니다. 준다고 하는 것은 바로 내가 받는다고 하는 마음의 문을 여는 것입니다. 힘이나 지혜, 돈이나 재물을 베푸는 마음이 중심이 되어서, 꽁꽁 닫고 있는 문을 열어야 복이라는 시원한 바람이 들어옵니다. 이것이 고통이라는 뜨거운 열풍 속에서 시달리는 사람들이 복을 오게 하는 유일한 방법입니다.

이상 다섯 가지로 '현상과 생각 저 너머'를 중도라는 이름으로 말씀드렸습니다. 어쩌면 노납의 이런 말씀을 대하고 있는 그대는 '현상 저 너머'를 다른 각도에서 생각하여, 그것이 특정한 장소가 아닌 데 대하여 동감을 할 수도 있고 그렇지 않을 수도 있을 겁니다. 왜냐하면 보통은 '현상 저 너머'라고 하면 극락세계 혹은 천국[天國, heaven] 등을 연상하기 때문입니다.

그러나 '현상 저 너머'는 바라밀입니다. 바라밀에는 '저 언덕에 도달한 상태[到彼岸]'와 '완성'이라는 두 가지 번역이 있습니다만, 이 두 어휘를 어떻게 슬기롭게 해석하여 자신의 삶으로 회향할 것인가는 그대의 선택사항입니다. 그렇지만 분명한 것은 극락세계든 천국이든 차별의 세계를 뛰어넘어서 지성의 힘이 미치지 못하는 저쪽에 간다고 하는 것입니다. 즉 아무래도 한번은 현상세계에서 벌어지는 분별지와 서로 떨어져 이별하지 않으면 안 된다는 의미입니다. 거기에서 한번도 경험하지 못했던 세계가 열려 옵니다.

앞의 염불수행법을 말하는 항에서 나옹혜근 선사가 지은 〈염불인에게 주는 글〉을 살펴본 적이 있습니다. 나옹 선사는 "아미타불이 어디에 계시는가?라고 끊임없이 생각하라. 끊임없이 간절히 생각해라. 이렇게 해서 염불이 생각하고 생각해서 생각할 것이 없는 데까지 가버리면 바로 내 몸 전체에서 아미타불을 봐버리는 것이다."라고 설하고 계십니다.

명상을 하든 참선을 하든 염불을 하든 생각하고 생각해서 생각할 것이 없는 데가 버리면 그곳이 '현상과 생각 저 너머'입니다. 본성의 절대 독존성, 중도의 영원성, 맑고 밝은 본성, 본성의 원만 구족성, 본성의 동일자성 이 다섯 가지에 대해서 다들 말씀하기를 두려워하고 말하지 않습니다. 하지만 노납은 그대가 '불법생활이라는 것이 이런 것이고, 진리를 구현하고 성장시키며 성불하는 길이 이런 길이로구나'라고 판단하는 데 도움이 되신다면 아마 제 허물도 그만큼 줄어들 것이라는 생각에서 말씀드렸습니다. 이 인연으로 모두 함께 성불하기를 바랍니다.

고따마 붓다의 정관명상

초판 1쇄 인쇄	2020년 3월 11일
초판 1쇄 발행	2020년 3월 17일

지은이	혜담 스님
펴낸이	윤재승
주간	사기순
기획편집팀	사기순, 최윤영
영업관리팀	김세정

펴낸곳	민족사
등록	1980년 5월 9일 제1-149호
주소	서울 종로구 삼봉로 81 두산위브파빌리온 1131호
전화	02)732-2403, 2404
팩스	02)739-7565
홈페이지	www.minjoksa.org
페이스북	www.facebook.com/minjoksa
이메일	minjoksabook@naver.com

디자인	남미영
ISBN	979-11-89269-48-7 (03220)

민족사 부처님 말씀을 담아 세상으로 나아갑니다.